Günther Plamenig

Gott braucht uns nicht

Eine Psychologie der spirituellen Emanzipation

Warum wir uns Götter erschufen – und was das über uns sagt

Verlag Bottom up

Günther Plamenig

Gott braucht uns nicht

Ein Buch über Freiheit ohne Auftrag

Notizen:

Günther Plamenig

Gott braucht uns nicht

Eine Psychologie der spirituellen Emanzipation

Warum wir uns Götter erschufen – und was das über uns sagt

Copyright: Verlag Bottom up

Birkenstrasse 14

CH- 4142 Münchenstein

E- Mail: bottomupverlag@gmail.com

Auflage 1

Ungekürzte Ausgabe:

August 2025 Verlag Bottom up

Umschlagseite: Yves & Günther Plamenig

Satz: Yves Plamenig

Beratung: Marketing Yves Plamenig

Vermarktung: Yves und Günther Plamenig

Danke an alle die in Zusammenhang zur Veröffentlichung diesem Buch mitgearbeitet haben.

Besonderes dir ein grosses Danke Yves nochmals.

Druck: Libri Plureos GmbH, Friedensallee 273, 22763 Hamburg

ISBN 978-3-907720-05-9 EAN 9783907720059

Notizen:

Notizen:

Inhaltsverzeichnis:

Notizen:

Notizen:

Einleitung:

Dieses Buch ist kein theologischer Gegenentwurf, keine Anklage und keine Verteidigung. Es ist ein ruhiger Gang durch Gedanken, die beginnen, wenn die Stimme Gottes verstummt – oder vielleicht nie gesprochen hat. Es fragt nicht, ob es Gott gibt. Es fragt, was es mit einem Menschen macht, wenn Gott uns nicht braucht. Denn in einer Welt, in der das Göttliche nicht mehr ruft, nicht mehr antwortet, nicht mehr zürnt – was bleibt da vom Menschsein übrig? Zerfällt es zu Biologie, zu Funktion, zu Zufall? Oder beginnt gerade dort ein neues Mass, das sich nicht aus Himmelsschriften speist, sondern aus dem Mut, ohne Auftrag zu leben? Die Kapitel, die folgen, sind keine Antworten. Sie sind gedankliche Räume. Offen. Klar.

Mit Distanz, aber ohne Kälte. Sie nähern sich dem Thema von innen – psychologisch, existenziell, rational. Ohne Frömmigkeit. Ohne Zynismus. Ohne Mission. Denn das, was entsteht, wenn man Gott nicht mehr braucht, ist nicht Sinnlosigkeit. Es ist Gegenwart. Dieses Buch ist nicht geschrieben, um zu überzeugen. Es ist geschrieben, um freizusetzen. Was du darin findest, liegt nicht in den Sätzen – sondern in deinem Widerhall. Denn vielleicht braucht Gott uns nicht. Aber vielleicht beginnt genau dann das Menschsein.

Notizen:

Kapitel 1: Am Anfang war der Mensch

Warum wir uns Götter erschufen – und was das über uns sagt.

Wenn der Mensch in den Himmel blickt, sieht er nicht nur Sterne, sondern auch Spiegel. Seit Beginn seiner bewussten Existenz hat er im Schweigen des Firmaments Antworten gesucht, die in ihm selbst nicht zu finden waren. Diese Antworten hat er dort nicht entdeckt – er hat sie erschaffen. Er hat das Universum nicht nur gedeutet, sondern bevölkert, beseelt, mit Absichten versehen, die aus seinem eigenen Innersten stammen. Und was dort oben still blieb, hat er mit Bedeutung aufgeladen. Der erste Gott war nicht ausserhalb des Menschen – er war ein Schatten seiner Furcht, seiner Sehnsucht, seines Denkens in der Leere. Wenn wir also fragen, woher Gott kam, dann ist die Frage falsch gestellt. Gott kam nicht.

Er wurde geboren – im Innersten einer Spezies, die mit ihrem eigenen Denken allein nicht zurechtkam. Dieser Moment, in dem das Ich erwachte und zugleich von der Welt überfordert wurde, ist kein historischer, sondern ein psychologischer. Die Entstehung des Gottesbildes war kein religiöses, sondern ein existenzielles Ereignis. Der frühe Mensch – verloren zwischen Gewalten, ohne Erklärung für Blitz, Tod, Geburt, Hunger oder Träume – suchte nicht Gott. Er suchte Halt. Was er fand, war eine Projektionsfläche, auf die er alles werfen konnte, was in ihm nicht zur Ruhe kam. Diese Fläche nannte er später Himmel, Heiliges, Schöpfer, Allmächtiger.

Doch im Kern war es ein Spiegel. Nicht um sich zu erkennen, sondern um sich zu entlasten. So beginnt die Geschichte nicht mit dem göttlichen Wort, sondern mit dem menschlichen Blick. Die erste Religion ist das Ergebnis einer inneren Unruhe. Sie ist weniger

Erkenntnis als Reaktion. Weniger Wahrheit als Trost. Und doch war sie nicht Täuschung, sondern psychologische Notwendigkeit. Denn der Mensch war zu intelligent, um sich nur zu fürchten – und zu empfindsam, um seine Furcht ohne Sinn zu ertragen. Die Erfindung Gottes ist eine der grössten schöpferischen Leistungen der Menschheit – nicht weil sie wahr ist, sondern weil sie funktioniert. Der Glaube hat nicht deshalb über Jahrtausende überdauert, weil er beweisbar wäre, sondern weil er das Unbeweisbare fassbar macht. Das Unendliche, das nicht denkbar ist, wird durch einen Willen personifiziert. Das Chaotische wird einem Plan unterstellt.

Das Zufällige wird zur Prüfung. Und das Leiden bekommt Bedeutung. Das ist der Trick: Der Mensch hat nicht Gott gefunden, sondern ein mentales Konzept entwickelt, das Chaos in Ordnung verwandelt. Ein seelischer Mechanismus der Welterklärung, der durch nichts so stabil wurde wie durch Wiederholung. Man darf dabei nicht in die Falle tappen, Religion als blosse Manipulation zu entlarven. Sie ist viel komplexer. Sie ist eine seelische Architektur, gebaut aus Angst und Hoffnung. Wer an einen Gott glaubt, glaubt nicht nur an ein Wesen, sondern an eine Ordnung, die seine Ohnmacht erträglich macht. Der Gläubige ist kein Schwacher – er ist ein Überlebender in einem System, das zu viel vom Einzelnen fordert. Wenn das Leben keine Gerechtigkeit bietet, erschafft man ein Jenseits, in dem sich alles ausgleicht. Wenn das Leiden keinen Sinn ergibt, glaubt man an einen Willen, der hinter allem steht. Diese Mechanismen sind nicht lächerlich – sie sind tief menschlich. Doch gerade weil sie so tief in uns wirken, bleiben sie oft unbemerkt. Wer fragt: „Gibt es einen Gott?“ stellt sich selten die entscheidendere Frage: „Warum will ich, dass es ihn gibt?“ Die Antwort auf diese Frage ist nicht theologisch. Sie ist psychologisch. Sie führt nicht nach oben, sondern nach innen. Und dort zeigt sich: Gott war nie jenseits. Gott war immer ein Teil unserer Selbstorganisation – ein inneres Konstrukt, das uns durch äussere Zuschreibungen entlastet hat. Was geschieht, wenn man diesen inneren Mechanismus bewusst erkennt? Es ist, als würde man sich selbst beim Denken zusehen – und dabei ertappen. Die Vorstellung eines Gottes ist eine Strategie, nicht ein Fakt. Sie ist ein mentales Werkzeug, das wir ansetzen, wenn unsere kognitiven Grenzen überschritten sind.

Wie Kinder, die sich eine Figur erfinden, die alles weiss und schützt, erschaffen auch Erwachsene ihr metaphysisches Elternteil. Nur dass sie es dann „Gott" nennen und nicht mehr erkennen, dass sie es selbst waren, die ihn gezeichnet haben. Diese Erkenntnis ist unbequem. Sie nimmt nicht nur den Glauben, sondern auch den Trost. Und dennoch liegt darin eine Form von Würde: zu erkennen, dass wir selbst die Quelle unserer geistigen Schöpfungen sind. Dass wir Verantwortung tragen für die Bilder, denen wir folgen. Dass wir den Himmel nicht nur betrachten, sondern auch entwerfen.

In dieser Einsicht beginnt eine Reifung: Der Mensch wird nicht mehr Kind einer höheren Instanz, sondern Gestalter seines eigenen Sinns. Doch diese Selbstermächtigung ist kein Triumph. Sie ist ein Übergang. Denn was uns vorher durch Gott gegeben war – Richtung, Moral, Bedeutung –, muss nun aus uns selbst entstehen. Und das ist eine schwerere Aufgabe, als viele ahnen. Der Mensch, der Gott verlässt, ist nicht frei, sondern zunächst einmal nackt. Er muss lernen, Verantwortung zu tragen für eine Welt, die ihm keine Entschuldigung mehr bietet. Keine göttliche Absicht, kein himmlischer Plan, keine Vorsehung. Nur noch sich selbst. In dieser Leere zeigt sich, ob der Mensch seinem eigenen Denken gewachsen ist.

Die Geschichte der Philosophie ist voll von Versuchen, diese Lücke zu füllen. Von Sokrates bis Nietzsche, von Spinoza bis Camus – alle ringen mit der Frage: Wenn es keinen Gott gibt, was bleibt? Die Antworten sind verschieden, aber ihr Ursprung ist derselbe: Der Mensch als Wesen, das nicht nur denkt, sondern auch wissen will, warum es denkt. Diese meta-kognitive Fähigkeit – über sich selbst nachzudenken – ist Segen und Fluch zugleich. Sie macht uns frei, aber auch verletzlich. Autonom, aber orientierungslos. Und so war Gott nicht nur eine Antwort, sondern auch ein Schutz. Ein Schutz vor der Tiefe der eigenen Gedanken, vor der Schwere des Lebens ohne Garantie, vor der Wucht einer Welt, die keinen Trost schuldet. In dieser Tiefe liegt das eigentliche Drama: Der Mensch ist das einzige Wesen, das mit seiner eigenen Endlichkeit hadert.

Tiere sterben – Menschen wissen, dass sie sterben werden. Und sie wissen, dass alles, was sie lieben, auch vergehen wird. Diese Erkenntnis allein reicht aus, um ein ganzes Pantheon zu erschaffen. Doch diese Fähigkeit birgt auch die Möglichkeit einer neuen Form von Spiritualität – einer, die nicht auf Glauben basiert, sondern auf Bewusstheit. Einer, die nicht nach aussen projiziert, sondern nach innen lauscht. Vielleicht ist es nicht der Himmel, den wir verlieren, wenn wir Gott loslassen – sondern die Illusion, dass wir nicht selbst gemeint sind. Und vielleicht beginnt gerade in dieser Enttäuschung ein tieferes Leben. Am Anfang war also nicht Gott – sondern ein Mensch, der fragte. Der sich fürchtete. Der dachte, fühlte, liebte und litt. Ein Wesen, das allein war mit seinem Wissen um die Welt und das sich selbst nicht genügte. Und so schuf er ein Gegenüber, das ihm mehr zutraute als er selbst. Dieses Gegenüber nannte er Gott. Und dann vergass er, dass er es war, der dieses Bild erschaffen hatte. Diese Vergessensleistung war der Preis für den Trost. Doch nun – am Ende einer langen Geschichte – kehrt das Bewusstsein zurück. Wir erkennen heute: Was wir göttlich nannten, war oft nur unsere eigene Unreife, in heilige Sprache gekleidet. Unsere

Angst, in Kosmos und Geschichte keine Rolle zu spielen, wurde zum Dogma. Doch nun stehen wir an einem Punkt, an dem wir diese Geschichte neu schreiben können. Nicht durch Ablehnung, sondern durch Aufklärung. Nicht durch Spott, sondern durch Reife. Indem wir begreifen, dass die Erfindung Gottes nicht das Ende des Denkens war, sondern sein Anfang. Denn wenn Gott uns nicht braucht – dann vielleicht, weil wir stark genug sind, ohne ihn zu leben. Nicht im Trotz, sondern in Würde. Nicht im Mangel, sondern in Bewusstsein. Die Frage ist nicht mehr, ob Gott existiert – sondern, ob wir bereit sind, uns selbst zu genügen. Am Anfang war der Mensch. Vielleicht reicht das.

Notizen:

Notizen:

Kapitel 2: Das Bedürfnis nach Sinn – und seine Abgründe

Wie das menschliche Bewusstsein das Absolute erfand.

Der Mensch ist nicht bloss ein denkendes Wesen, sondern eines, das in allem, was es denkt, einen Sinn verlangt. Diese Forderung ist nicht willkürlich. Sie ist tief in die Struktur unseres Bewusstseins eingeschrieben. Es genügt nicht, dass Dinge geschehen – sie müssen etwas bedeuten. Das Bedürfnis nach Sinn ist kein Luxus der Intellektuellen, sondern ein Überlebensreflex einer Spezies, die mit blosser Existenz nicht zufrieden ist. Denn sobald wir über uns selbst hinausdenken, beginnt die Frage zu nagen: Warum das alles? Und was bedeutet es, dass ich bin? Diese Fragen sind nicht nur philosophisch – sie sind psychologisch. Sie entstehen nicht aus Neugier, sondern aus einem inneren Druck, aus einer Unruhe, die nicht gestillt werden kann, solange keine Antwort bereitsteht.

Doch gerade hier beginnt das Paradox: Das Bedürfnis nach Sinn ist grösser als die Fähigkeit, ihn objektiv zu erkennen. Und so füllt der Mensch die Leerstelle mit dem, was ihm verfügbar ist: Geschichten, Mythen, Systeme. Er schafft Bedeutung – nicht weil sie da ist, sondern weil sie gebraucht wird. Dabei ist nicht die Wahrheit entscheidend, sondern die Wirkung. Eine Lüge, die Orientierung gibt, wird dem Nichts immer vorgezogen. Und so wurde Gott nicht entdeckt, sondern als Lösung eingeführt. Eine Hypothese, die nicht bewiesen werden konnte, aber die seelische Ordnung wiederherstellte. Das Absolute war weniger Antwort als Anker. Es war nicht Erkenntnis, sondern Reaktion – nicht auf die Welt, sondern auf den Abgrund der Sinnlosigkeit, der sich auftut, wenn keine Geschichte mehr trägt. Die Fähigkeit zur Selbstreflexion ist das, was den Menschen von anderen Lebewesen unterscheidet. Doch sie bringt nicht nur Freiheit, sondern auch Last. Wer über sich selbst nachdenkt, erkennt die Fragilität der eigenen Existenz. Nichts ist garantiert, nichts gesichert. Die Zukunft ist offen, der Tod unausweichlich.

Und so beginnt das Bewusstsein, sich gegen sich selbst zu richten. Es verlangt nach Rahmen, nach Erklärungen, nach einem Narrativ, das das Chaos in eine Geschichte verwandelt. Dieses Narrativ braucht keinen Beweis, sondern nur psychologische Tragfähigkeit. Es muss nicht wahr sein – es muss halten. Und so entstand das Bedürfnis nach dem Absoluten: einer Instanz, die nicht fraglich ist, die nicht relativiert werden muss. Einer Letztgültigkeit, in der das zersplitterte Bewusstsein ruhen kann. Der Glaube an einen übergeordneten Sinn war nicht die Folge spiritueller Erkenntnis, sondern die Antwort auf die Zumutung innerer Komplexität. Die Erfindung des Absoluten war der Versuch, das Bewusstsein zu entlasten.

Denn wer überall Kontingenz sieht, kann an nichts mehr glauben. Wer hinter jedem Ereignis Zufall vermutet, dem zerfällt die Welt in Bedeutungsfragmente. Das Bedürfnis nach Sinn ist daher ein Schutzmechanismus – ein seelisches Immunsystem gegen die Zerreissprobe der Bedeutungslosigkeit. Doch gerade in dieser Funktion liegt seine Ambivalenz: Was schützt, kann auch fesseln. Was Halt gibt, kann Entwicklung blockieren. Es ist kein Zufall, dass alle Hochkulturen ihre Sinnsysteme in göttlichen Begriffen formulierten. Das Absolute musste eine Stimme bekommen, eine Absicht, ein Gesicht. Denn der blosse Gedanke an ein strukturloses Universum war zu fremd, zu kalt. Die Idee, dass Leben keinen übergeordneten Zweck hat, war unzumutbar. Also wurde ein überzeitlicher Wille postuliert – ein göttlicher Plan, in dem alles Platz hatte, selbst das Leid. Diese Erzählung war nicht bloss religiös – sie war psychologisch notwendig. Doch wie jedes mentales Konstrukt kann auch das Bedürfnis nach Sinn in sich zusammenfallen, wenn es zu eng wird. Dann wird aus dem Halt eine Falle. Aus der Ordnung eine Dogmatik. Aus der Sehnsucht nach Bedeutung eine Angst vor Bedeutungslosigkeit, die sich an jede Erklärung klammert, so falsch sie auch sein mag. Das Denken verkrampft sich, der Blick verengt sich, und der Mensch verliert das, was ihn eigentlich ausmacht: die Fähigkeit, auszuhalten, was noch nicht erklärt ist. Die grösste Herausforderung des modernen Menschen liegt daher nicht in der Abwesenheit von Sinn, sondern in der Fähigkeit, Sinn nicht um jeden Preis erzwingen zu müssen. Denn dort, wo kein Platz für Zweifel ist, ist auch kein Platz für Freiheit. Der Zwang zur Bedeutung führt zu geistiger Unbeweglichkeit – zur Immunität gegenüber dem Offenen, dem Nicht-Wissbaren, dem Noch-nicht-Verstehenden.

Wer den Sinn erzwingt, verhindert Erkenntnis. Wer ihn sucht, darf ihn nicht besitzen wollen. Der Abgrund beginnt dort, wo das Bedürfnis nach Sinn zur absoluten Wahrheit erklärt wird. Dann wird aus der inneren Frage eine äussere Antwort. Der Mensch richtet sich nicht mehr nach der Welt, sondern nach dem Bild, das er sich von ihr gemacht hat. Er denkt nicht mehr, sondern glaubt. Und der Glaube enthebt ihn der Verantwortung, weiter zu fragen. Die Antwort ist da – unausweichlich, vollständig, oft auch unangreifbar.

Doch genau hier verliert das Denken seine Würde. Denn Sinn ist kein Besitz. Er ist eine Bewegung. Eine fortlaufende Deutung, kein fixer Punkt. Wenn der Mensch aufhört, die Welt als dynamisch zu erleben, sondern sie in ein starres Sinnschema presst, verrät er sich selbst. Dann wird das Bedürfnis nach Orientierung zum Instrument der Selbstverleugnung. Die Erfindung des Absoluten war ursprünglich ein Akt der Freiheit – doch sie wurde zur Quelle ihrer Einschränkung. Und so stehen wir heute vor der Aufgabe, das Bedürfnis nach Sinn zu entkoppeln von der Illusion der Gewissheit. Vielleicht ist es reifer, nicht zu wissen. Vielleicht liegt in der Fähigkeit, ohne absolute Antwort zu leben, der eigentliche Fortschritt. Denn die Reife eines Bewusstseins zeigt sich nicht daran, wie fest es glaubt, sondern wie offen es zweifeln kann. Der moderne Mensch ist nicht gezwungen, auf alte Sinnsysteme zurückzugreifen. Doch er ist herausgefordert, mit der inneren Leere umzugehen, die entsteht, wenn sie nicht mehr greifen. Diese Leere ist keine Schwäche – sie ist der Raum, in dem Freiheit wächst. Was also bleibt, wenn das Bedürfnis nach Sinn entlarvt wird als Projektionsfläche? Was geschieht mit dem Menschen, wenn er erkennt, dass der Sinn, den er sucht, nicht dort draussen wartet, sondern von ihm selbst erschaffen wird? Zunächst entsteht Unruhe. Der Rückzug des Absoluten ist ein Schock. Er entzieht dem Leben seine metaphysische Kulisse, seine mythische Struktur. Alles wirkt plötzlich zufällig, kontingent, nackt. Doch gerade diese Nacktheit kann ein Anfang sein – nicht ein Verlust, sondern ein Erwachen. Denn wenn Sinn nicht mehr gegeben ist, wird er zur Aufgabe. Und in dieser Aufgabe liegt eine neue Form von Würde. Der Mensch wird nicht mehr Objekt eines göttlichen Plans, sondern Subjekt einer inneren Verantwortung.

Er muss selbst deuten, selbst gestalten, selbst tragen. Diese Autonomie ist nicht leicht, aber sie ist ehrlich. Und in ihrer Ehrlichkeit liegt mehr Tiefe als in jeder überlieferten Dogmatik. Die Frage nach dem Sinn wird damit nicht obsolet – sie wird radikalisiert. Sie trifft nicht mehr die Welt, sondern das Ich. So entsteht eine Spiritualität jenseits von Glauben – eine Haltung, die sich nicht auf Gott stützt, sondern auf Bewusstheit. Eine Ethik, die nicht aus Geboten kommt, sondern aus innerem Hören. Eine Bedeutung, die nicht vorgefunden, sondern geschaffen wird. Vielleicht ist es genau das, was der Mensch am meisten fürchtet: dass niemand ausser ihm selbst für das verantwortlich ist, was sein Leben bedeutet. Doch vielleicht ist es auch genau das, was ihn frei macht.

Notizen:

Notizen:

Kapitel 3: Die Geburt des Höheren aus der Ohnmacht

Warum Menschen lieber glauben als fühlen.

Ohnmacht ist keine äusserliche Situation. Sie ist ein innerer Zustand. Man kann sich inmitten der Gesellschaft befinden, umgeben von Wissen, Sprache, Technik – und dennoch einem Gefühl ausgeliefert sein, das sich nicht fassen lässt. Dieses Gefühl tritt leise auf, aber bestimmt. Es ist nicht laut, aber es beherrscht. Die Ohnmacht, die den Menschen zur Schöpfung des Höheren trieb, war nicht allein die Angst vor Naturgewalten oder der Tod eines Kindes oder der plötzliche Verlust der Ernte. Sie war vielmehr eine seelische Antwort auf die Erfahrung, dass es keine Instanz gibt, an die man die eigene Überforderung delegieren kann – ausser man erfindet sie. Das Höhere, das über den Menschen gestellt wurde, war die elegante Lösung für einen Konflikt, den die menschliche Psyche nicht anders lösen konnte: den Widerspruch zwischen Kontrollbedürfnis und Kontrollverlust. In der Tiefe des Erlebens, dort, wo Worte versagen, entsteht eine Notwendigkeit. Sie verlangt nicht nach Erklärung, sondern nach Erlösung. Nicht das Denken ruft nach dem Höheren, sondern das Gefühl – und zwar das Gefühl, dass man allein nicht ausreicht, um das Gewicht der Existenz zu tragen.

Doch diese Ohnmacht will nicht gespürt werden. Der Mensch hat gelernt, ihr auszuweichen. Und so wird sie spirituell überformt, metaphysisch verklärt, theologisch organisiert. Aus dem dunklen Gefühl entsteht ein lichter Gedanke: dass es etwas geben müsse, das grösser ist, als alles, was ihn überfordert. Die Geburt des Höheren ist also nicht die Folge einer kosmologischen Entdeckung, sondern ein psychologisches Symptom. Das Bedürfnis nach einem Gott entspringt nicht dem Wissen – sondern der seelischen Schutzreaktion gegen die Tiefe des eigenen Empfindens. Fühlen ist gefährlich. Es entzieht sich der Kontrolle. Es lässt sich nicht disziplinieren, nicht lenken, nicht einordnen. Gefühle kommen – und sie gehen nicht, wenn man sie nicht beachtet. Besonders das Gefühl der Ohnmacht lässt sich nicht ignorieren. Es ist ein zäher Schatten, der sich nicht vertreiben lässt, sondern nur umgedeutet werden kann.

Der Glaube wird in diesem Licht zu einem Übersetzungswerkzeug: Was sich im Innersten nicht halten lässt, wird nach aussen verlagert. Die eigene Unfähigkeit, sich selbst auszuhalten, wird umgewandelt in das Vertrauen auf eine höhere Instanz. So wird Glauben zur Sublimation des Fühlens. Nicht weil er das Fühlen ersetzt – sondern weil er es entkräftet. Wer glaubt, muss nicht fühlen. Wer glaubt, kann seine tiefsten Unsicherheiten einer Figur überlassen, die sie trägt, verwandelt, legitimiert. Die göttliche Ordnung wird zum Container des Untragbaren. Und die Ohnmacht wird nicht bewältigt, sondern verwandelt: in Demut, in Hingabe, in Gehorsam. Nicht weil der Mensch sich kleiner machen will, sondern weil er nicht weiss, wie gross seine Gefühle wirklich sind. Diese Umdeutung ist verständlich – und zugleich problematisch. Denn sie verlagert das Zentrum des Erlebens aus dem Inneren in das Aussen. Der Mensch trennt sich von sich selbst, um sich zu retten. Er opfert sein eigenes Empfinden auf dem Altar der spirituellen Sicherheit.

Er glaubt nicht, weil er überzeugt ist, sondern weil er das Risiko des Fühlens nicht tragen will. In dieser Flucht liegt das eigentliche Drama: Der Glaube als Abwehrmechanismus. Nicht gegen die Welt – sondern gegen das eigene Herz. Die Geschichte des Glaubens ist auch die Geschichte der Gefühlsvermeidung. Dort, wo Religion Regeln schafft, Gebote errichtet, Riten vorschreibt, geht es selten um das Göttliche an sich. Es geht um die Kontrolle innerer Zustände. Der Mensch wird nicht durch äussere Regeln gezähmt, sondern durch die Beherrschung seiner emotionalen Landschaft. Der Glaube verspricht Halt – aber was er oft wirklich verspricht, ist Distanz zur eigenen Tiefe. Denn Tiefe ist gefährlich. Sie macht verwundbar, durchlässig, offen. Sie ist nicht kalkulierbar.

Der Glaube, so wie ihn viele leben, wird zur Rüstung gegen das Unverfügbare im Inneren. Er strukturiert das Unstruktierbare, verleiht dem Gefühl eine Form, die nicht zu sehr schmerzt. Er verwandelt den Schmerz in Bedeutung, die Wut in Prüfung, die Trauer in himmlischen Plan. All das kann trösten – doch es kann auch lähmen. Denn wer seine Gefühle nicht in ihrer ganzen Kraft zulassen darf, verliert nicht nur den Schmerz, sondern auch die Lebendigkeit. Die Geburt des Höheren ist also eine Geschichte des Verlusts: des Verlusts der Verbindung zu sich selbst. Was als seelische Notwendigkeit begann, wurde zur kulturellen Ordnung. Und diese Ordnung hat gelernt, mit Gefühlen umzugehen, indem sie sie ersetzt. Der Glaubende fühlt nicht weniger – aber er fühlt anders. Er lenkt um.

Er ersetzt Tiefe durch Struktur, Offenheit durch Sicherheit. Und so verliert er nicht nur den Schmerz – sondern auch die Fähigkeit, ihn zu verwandeln. Fühlen braucht Mut. Es bedeutet, sich dem Leben ohne Puffer zu stellen. Ohne göttliche Erklärung, ohne metaphysische Absicherung. Wer fühlt, ohne zu glauben, steht nackt vor dem, was ist. Doch genau in dieser Nacktheit liegt eine Wahrheit, die keine Religion je vermitteln kann: die Wahrheit der eigenen Gegenwart. Kein Dogma kann das ersetzen, was ein Mensch empfindet, wenn er nicht flieht. Und kein Glaube kann das Gewicht des Moments tragen, wenn der Mensch ihn nicht selbst durchlebt.

Die Idee des Höheren als Antwort auf Ohnmacht verschleiert diese Wahrheit. Sie verwandelt sie in Lehre, in System, in Heilsversprechen. Doch der Schmerz bleibt. Die Angst bleibt. Die Unsicherheit bleibt. Nur dass sie nicht mehr benannt werden dürfen – weil sie in einem Glaubenssystem bereits beantwortet wurden. Der Mensch hört auf zu fühlen, was in ihm schreit – weil er gelernt hat, dass es unfromm ist, zu zweifeln. Und so wird der Glaube zur Zensur der inneren Welt. Eine stille Diktatur über das Unfassbare im Menschen. Doch Gefühle lassen sich nicht dauerhaft verbannen.

Sie kehren zurück – als Körpersymptom, als Aggression, als Erschöpfung, als Sehnsucht. Und manchmal sogar als Spiritualität. Denn der Weg zurück zum Fühlen führt nicht durch Ablehnung des Glaubens, sondern durch das Bewusstwerden seiner Funktion. Wer erkennt, dass der Glaube ein seelischer Schutz war, kann beginnen, sich selbst zu schützen – auf neue Weise. Ohne Dogma, ohne Transzendenz, aber mit Würde. Und mit dem Mut, sich selbst nicht mehr auszuweichen. Der Mensch braucht keinen Gott, um tief zu fühlen.

Doch solange er den Glauben als Mittel gegen die Tiefe missbraucht, wird er nicht wirklich frei sein. Die Geburt des Höheren war kein Fehler – sie war ein notwendiger Entwicklungsschritt in der Bewältigung innerer Komplexität. Doch wie jede Entwicklung verlangt auch diese nach Überwindung. Nicht im Sinne der Ablehnung, sondern im Sinne des Erwachsenwerdens. Der reife Mensch glaubt nicht mehr, weil er nicht mehr muss. Er fühlt, weil er es kann. Diese neue Form des Erlebens beginnt nicht mit einem Nein zur Religion, sondern mit einem Ja zum Gefühl. Wer wieder spürt, ohne sofort zu erklären, wer aushält, ohne gleich zu deuten, wer schweigt, ohne auf eine Stimme von aussen zu warten – der beginnt, sich selbst zu hören. Und vielleicht ist diese Stimme das Einzige, was wir je für göttlich hielten: die stille Klarheit des eigenen Erlebens, ungefiltert, ungesichert, unvermeidbar. Gott war die Antwort auf eine Ohnmacht, die niemand benennen wollte. Doch nun stehen wir an einem Punkt, an dem wir diese Ohnmacht nicht mehr auslagern müssen. Wir können sie fühlen – und dabei nicht zerbrechen. Vielleicht liegt darin der neue Weg: Nicht mehr über das Höhere zu sprechen, sondern das Niedrige, das Dunkle, das Verborgene in uns selbst zu betreten. Ohne Licht, ohne Versprechen, aber mit offenen Augen. Denn das Gefühl braucht keinen Glauben, um wahr zu sein. Nur den Mut, ihm zu begegnen.

Notizen:

Notizen:

Kapitel 4: Verantwortung als Bürde – oder als Ausrede?

Wie göttliche Instanzen unser ethisches Wachstum blockieren können.

Es gibt eine unsichtbare Schwelle, die der Mensch überschreitet, sobald er sich als selbstverantwortliches Wesen begreift. Diese Schwelle ist nicht intellektuell, nicht kulturell, nicht sozial – sie ist psychologisch. Wer erkennt, dass er selbst der Ursprung seiner Entscheidungen ist, steht plötzlich nackt vor einem Spiegel, der nicht nur sein Handeln zeigt, sondern auch seine Fluchtwege. In diesem Spiegel erscheint Verantwortung nicht nur als Freiheit, sondern als Zumutung. Denn mit jeder Entscheidung wächst nicht nur die Autonomie – sondern auch die Last des Erkennens, dass niemand sonst verantwortlich ist. Hier wird deutlich, wie sehr das Konzept eines göttlichen Willens als psychologische Entlastung dient. Wenn es eine Instanz gibt, die grösser ist als ich, eine Ordnung, der ich mich fügen kann, dann muss ich nicht allein tragen, was ich tue.

Dann kann ich gehorchen – oder zweifeln – ohne vollständig verantwortlich zu sein. Die Idee Gottes bietet eine ethische Matrix, in der das eigene Handeln eingebettet wird in ein höheres Ganzes. Das entlastet. Doch genau hier beginnt die paradoxe Bewegung: Was entlastet, entmündigt auch. Wenn der Mensch sich auf göttliche Massstäbe beruft, verliert er zugleich die Fähigkeit, sie in sich selbst zu entwickeln. Die eigene moralische Urteilskraft wird externalisiert – ersetzt durch Gebote, Gesetze, Offenbarungen. Und wo das eigene Gewissen schweigt, weil das Glaubenssystem spricht, entsteht kein innerer Reifungsprozess. Verantwortung wird zur Funktion von Glauben – nicht zur Folge von Bewusstsein. Das aber verhindert Entwicklung. Denn wer nie selbst entscheiden muss, kann auch nie selbst wachsen. In der Tiefe jeder echten Verantwortung liegt Einsamkeit. Es gibt keinen Gott, der im entscheidenden Moment sagt, was richtig ist. Kein Gebot, das in der Komplexität des Lebens ausreichend Klarheit stiftet. Keine Stimme, die den Zweifel in letzter Konsequenz tilgt. Verantwortung ist nicht das Befolgen einer Regel, sondern das Aushalten der Tatsache, dass keine Regel ausreicht. Es ist die Fähigkeit, trotz Ungewissheit zu handeln – und für das Ergebnis einzustehen, ohne sich auf etwas Höheres berufen zu können. Doch gerade diese Form der inneren Selbstführung ist ungeheuer schwer. Deshalb flüchtet sich der Mensch oft in Konstruktionen, die Verantwortung in Gehorsam verwandeln. Wer sich auf göttliche Instanzen beruft, macht aus Moral ein System – nicht eine lebendige Auseinandersetzung. Und in Systemen ist man geschützt. Man hat Gründe, Legitimationen, historische Autoritäten. Aber man hat nicht sich selbst. Man hat nicht das eigene Denken in seiner ganzen Nacktheit, in seiner ganzen Schwere.

So dient Religion oft als moralischer Puffer. Sie nimmt dem Menschen die Aufgabe ab, sich selbst in Frage zu stellen. Und schlimmer noch: Sie erlaubt es, eigenes Handeln mit äusserer Zustimmung zu versehen, auch wenn es innerlich nicht stimmig ist. Es ist leichter, „Gott will es so“ zu sagen als: „Ich habe es entschieden – und ich trage die Folgen.“ Diese Leichtigkeit ist trügerisch. Denn sie verhindert, dass der Mensch sich selbst zumutet. Und ohne diese Zumutung bleibt er ethisch ein Kind – abhängig, geführt, nie ganz eigen. In einer Welt ohne göttliche Massstäbe bleibt dem Menschen nur eines: das eigene Bewusstsein. Dieses Bewusstsein ist kein fertiges Instrument, sondern ein wachsendes, tastendes, zweifelndes Vermögen. Es irrt, es scheitert, es fragt immer wieder neu. Doch gerade in dieser Fragilität liegt seine Stärke. Denn wer sich auf sich selbst verlässt, muss sich bewegen. Er kann sich nicht verstecken.

Er muss prüfen, reflektieren, manchmal auch scheitern – aber er tut es auf eigene Verantwortung. Und genau das macht ihn menschlich. Die Vorstellung, dass ethisches Handeln aus einem jenseitigen Prinzip abgeleitet werden müsse, ist psychologisch gesehen ein Umweg. Sie ignoriert, dass moralisches Empfinden im Menschen selbst angelegt ist. Bereits Kinder zeigen Mitgefühl, bevor sie Theologie lernen. Schon das einfache „Du hast mir wehgetan“ enthält einen moralischen Appell, der nichts Übernatürliches braucht. Es ist das Gefühl für das Andere, das Eigene, das Gemeinsame – ein Gefühl, das sich entfaltet, wenn es nicht unter Dogmen erstickt. Doch dieses Gefühl ist verletzlich. Es kann irren, manipuliert werden, blind werden. Deshalb ist es so verführerisch, es durch festgelegte Systeme zu ersetzen. Systeme versprechen Sicherheit. Aber sie erkaufen sie durch Stagnation. Und schlimmer noch: Sie erlauben es, unmoralisch zu handeln, solange es dem System entspricht. Geschichte ist voll von Grausamkeiten, die im Namen des Göttlichen begangen wurden. Nicht weil der Mensch böse war – sondern weil er nicht selbst dachte. Weil er glaubte, statt zu fühlen. Weil er gehorchte, statt zu tragen. Die höchste Form der Verantwortung ist nicht diejenige, die sich auf Prinzipien stützt – sondern diejenige, die im Moment entschieden wird, aus innerer Klarheit heraus, ohne Netz, ohne Rückversicherung.

Diese Verantwortung entsteht nur, wenn der Mensch gelernt hat, mit Unsicherheit zu leben. Wenn er keine Letztbegründung mehr braucht, sondern das eigene Handeln aus sich heraus verantwortet. Diese Art von Ethik ist nicht abstrakt – sie ist lebendig. Sie stellt sich in jedem Augenblick neu. Sie ist nicht sicher – aber sie ist wach. Ein Mensch, der auf diese Weise Verantwortung übernimmt, braucht keinen Gott, um gut zu sein. Und er braucht keine Hölle, um schlecht zu vermeiden. Seine Moral ist nicht ein Katalog, sondern ein lebendiges Verhältnis zur Welt. Er sieht, was geschieht. Er spürt, was es auslöst. Und er entscheidet, was er daraus macht. Diese Ethik ist kein Ideal – sie ist ein Wagnis. Sie verlangt mehr vom Menschen, als jede Religion es je getan hat. Aber sie gibt auch mehr zurück: Selbstachtung, Tiefe, Integrität. Vielleicht liegt darin der eigentliche Grund, warum viele den Glauben nicht loslassen wollen:

Nicht weil sie Gott brauchen – sondern weil sie die Verantwortung fürchten, die seine Abwesenheit mit sich bringt. Gott als Konzept entlastet. Er schützt vor der Zumutung, selbst das Mass zu sein. Doch diese Zumutung ist genau das, was den Menschen wachsen lässt. Ohne sie bleibt er innerlich abhängig – auch dann, wenn er äusserlich frei ist. Verantwortung beginnt dort, wo der Mensch aufhört, sich zu verstecken. Nicht hinter Regeln. Nicht hinter Gott. Nicht hinter der Geschichte, der Kultur, der Tradition. Sondern in sich selbst. Dort, wo kein Applaus mehr kommt, kein Dogma schützt, kein Himmel winkt. Dort wird aus Freiheit Wirklichkeit.

Und dort zeigt sich, ob jemand bereit ist, sich selbst ernst zu nehmen. Nicht als Zentrum der Welt – sondern als Teil einer Welt, die ihn braucht, weil niemand sonst genau das spüren kann, was er spürt. Ein Mensch, der Verantwortung in dieser Tiefe trägt, weiss um die Tragik seiner Freiheit. Er weiss, dass es keine Garantie gibt, richtig zu handeln. Aber er handelt trotzdem. Und er trägt die Folgen, ohne Ausrede, ohne Schuldverschiebung, ohne göttlichen Zeigefinger. Vielleicht ist das der Beginn einer neuen Ethik – einer Ethik, die nicht von oben kommt, sondern aus der Stille des eigenen Herzens. Sie ist schwer. Aber sie ist echt. Und sie ist der Preis für ein Leben in Würde. Wenn wir sagen: „Gott braucht uns nicht", dann heisst das auch: Wir müssen aufhören, uns hinter ihm zu verstecken. Wir sind verantwortlich – für unser Tun, für unser Denken, für unser Nicht-Handeln. Diese Verantwortung ist kein Fluch. Sie ist der Raum, in dem Menschlichkeit wächst. Und vielleicht ist es genau dieser Raum, der einst heilig genannt wurde – ohne dass jemand ahnte, dass damit wir selbst gemeint waren.

Notizen:

Notizen:

Kapitel 5: Kindheit im Kosmos

Der Mensch als spirituelles Kindwesen.

Es ist ein leiser Gedanke, der sich unbemerkt durch das menschliche Dasein zieht: dass wir nicht allein sein sollten in dieser Weite. Dass jemand da sein müsste – jemand Grösseres, Stärkeres, Gütigeres – ein Auge, das wacht, eine Hand, die führt, ein Wille, der Sinn gibt. In diesem Gedanken liegt nichts Verwerfliches. Er ist nicht naiv. Er ist uralt, tief verwurzelt in der Struktur unseres inneren Erlebens. Denn was der Mensch in der Metaphysik sucht, ist nicht zuerst Wahrheit, sondern Beziehung. Nicht ein Prinzip, sondern eine Instanz, zu der man sprechen kann, wenn alles andere verstummt. Dieser Wunsch ist nicht theologischer Natur – er ist psychologisch. Und noch genauer: er ist kindlich. Nicht im Sinne von unreif, sondern im Sinne einer tiefen, existenziellen Bedürftigkeit nach Gehaltensein. Der Mensch bleibt, auch wenn er wächst, in einem Teil seiner Psyche Kind – verletzlich, fragend, hoffend.

Und dieses innere Kind bleibt nicht stumm. Es sucht nach etwas, das es tragen kann. Wenn das Leben überfordert, wenn Verlust droht, wenn die Welt kalt bleibt, ruft es – und dieses Rufen wird oft als Gebet erlebt, als Glaubenssehnsucht, als metaphysische Öffnung. Doch was da ruft, ist keine Theologie. Es ist ein emotionales System, das in Beziehung denkt. Der Mensch kommt aus Beziehung – aus einer mütterlichen Höhle, aus berührenden Händen, aus Stimme und Nähe. Und so bleibt er in seinem Kern ein Wesen, das Welt nicht versteht, wenn sie nicht antwortet. Der Kosmos, der keine Beziehung zulässt, ist eine Zumutung. Er ist wie ein Vater, der nie spricht. Und so beginnt das innere Kind, das Schweigen zu füllen – mit Geschichten, Bildern, Hoffnungen. Es ruft nicht, weil es weiss.

Es ruft, weil es fühlt. Wenn wir von Spiritualität sprechen, sprechen wir oft, ohne es zu wissen, von einem verlängerten Mutter-Vater-Komplex. Nicht im Sinne einer banalen Projektion, sondern als psychodynamisches Echo. Der Himmel wird zur Instanz, die lenkt, schützt, bewertet. Und so ist die spirituelle Figur – ob als Gott, als Universum, als Energie – oft nicht mehr als ein idealisiertes Gegenüber, das die Rolle eines elterlichen Prinzips übernimmt, das im Inneren nicht genug verankert ist. Der Mensch glaubt, weil er nicht allein sein will. Und weil er es oft noch nicht kann.

Diese Form des Glaubens ist kein intellektueller Irrtum, sondern eine Bindungsstrategie. Sie ersetzt Nähe durch Bedeutung, Gehaltensein durch Gehorsam, innere Unsicherheit durch äussere Ordnung. Es ist eine Bewegung zurück in ein Stadium, in dem Entscheidungen noch nicht selbst getroffen werden mussten. Wo Verantwortung geteilt, Schuld vergeben, Trost gespendet wurde. Der Glaube an ein göttliches Wesen ist in diesem Licht ein psychologisches Regressionsmodell: der Rückzug des erwachsenen Ichs in die Sicherheit kindlicher Abhängigkeit. Doch dieses Modell ist nicht frei von Nebenwirkungen. Wer innerlich Kind bleibt, wird nicht frei – auch dann nicht, wenn er sich als demütig bezeichnet.

Denn Demut ist nicht dasselbe wie Unselbständigkeit. Die kindliche Spiritualität, so tröstlich sie sein mag, verhindert oft die Integration der inneren Reife. Sie lässt den Menschen in einer seelischen Haltung zurück, die zwar tröstet, aber nicht trägt. Und wer getragen werden will, ohne selbst zu stehen, wird anfällig – für Ideologie, für Autorität, für geistige Unselbständigkeit. Kindheit ist eine notwendige Phase – aber keine endgültige. Auch im seelischen Raum verlangt Entwicklung nach Bewegung. Die innere Reifung beginnt dort, wo der Mensch nicht mehr nur fragt: „Wer passt auf mich auf?“, sondern: „Wie kann ich mich selbst halten?“ Dieser Übergang ist schmerzhaft. Er gleicht dem Moment, in dem das Kind zum ersten Mal erkennt, dass der Vater nicht alles weiss, dass die Mutter nicht immer versteht, dass Schutz nicht immer gerecht ist.

Diese Erkenntnis erschüttert – aber sie befreit auch. Denn sie öffnet den Raum für Eigenständigkeit. Die spirituelle Reifung beginnt mit Enttäuschung. Nicht mit Abwendung, sondern mit Ernüchterung. Das Göttliche verliert seinen Glanz – nicht, weil es nicht mehr gebraucht wird, sondern weil der Mensch beginnt, sich selbst ernst zu nehmen. Der Kosmos antwortet nicht – und plötzlich wird klar: Vielleicht muss er das auch nicht. Vielleicht ist das Fehlen der Antwort kein Mangel, sondern eine Einladung. Nicht zum Glauben, sondern zum Hören. Nicht zur Verehrung, sondern zur Verantwortung. Das spirituelle Kind in uns wird nicht getötet durch Zweifel – sondern durch Ignoranz. Wer es leugnet, bleibt hart. Wer es verachtet, bleibt leer. Doch wer es erkennt, kann es integrieren. Es darf da sein – aber nicht regieren. Es darf fühlen, hoffen, suchen – aber nicht bestimmen, was wahr ist. Die spirituelle Mündigkeit beginnt dort, wo das Kind in uns nicht mehr die Wahrheit braucht, sondern die Beziehung zu sich selbst wiederherstellt.

Nicht nach aussen gewendet, sondern nach innen. Nicht als Flucht, sondern als Ankommen. Der erwachsene Mensch im Kosmos steht nicht fester als das spirituelle Kind – aber er steht bewusster. Er weiss, dass die Weite nicht auf ihn reagiert. Dass Sterne keine Absicht haben, dass Galaxien nicht moralisch sind, dass das Universum nicht gütig, aber auch nicht grausam ist. Es ist – einfach so. Und dieser Zustand, der viele erschreckt, kann zur Quelle einer neuen Form von Würde werden. Denn wer nicht mehr erwartet, geführt zu werden, beginnt, sich selbst zu orientieren. Nicht als allwissend – sondern als wach. Das innere Kind sucht nach Erlösung. Der erwachsene Mensch sucht nach Klarheit. Und vielleicht ist diese Klarheit keine Antwort, sondern eine Haltung. Eine Bereitschaft, die Unbeantwortbarkeit des Daseins zu akzeptieren, ohne daran zu zerbrechen. Eine Fähigkeit, sich zu tragen, auch wenn niemand sonst trägt. Diese Haltung ist nicht kalt – sie ist lebendig. Sie öffnet den Blick nicht nach oben, sondern in die Tiefe. Und dort – in dieser Tiefe – beginnt eine neue Art von Spiritualität. Nicht transzendent, sondern radikal innerlich. Diese Spiritualität fragt nicht, ob es Gott gibt. Sie fragt: Was bleibt, wenn ich mich selbst nicht verlasse? Sie sucht nicht nach dem Jenseitigen – sondern nach einer inneren Wahrheit, die nicht beweisen muss, dass sie existiert. Das spirituelle Kind will glauben. Der reife Mensch will fühlen. Und vielleicht ist Fühlen – klar, durchlässig, offen – das Einzige, was noch gebraucht wird, um die Leere nicht zu fürchten.

Der Mensch ist ein spirituelles Kindwesen – das ist keine Schwäche, sondern ein Anfang. Doch jeder Anfang verlangt nach Entwicklung. Wer das Kind in sich ehrt, aber nicht überwindet, bleibt in einer Form von spiritueller Erstarrung. Und wer es unterdrückt, verliert seine Tiefe. Die Kunst besteht darin, beides zu verbinden: Die Weichheit der frühen Sehnsucht mit der Klarheit des erwachsenen Bewusstseins. Dann wird aus Glaube Vertrauen. Aus Abhängigkeit Resonanz. Aus Bedürftigkeit Beziehung – nicht zu einem Gott, sondern zu sich selbst und zur Welt, so wie sie ist. Der Kosmos ist kein Vater. Er ist kein Ort der Gnade. Aber er ist da – unendlich, gleichgültig, still. In dieser Stille findet der Mensch nicht das, was er sucht. Aber er findet sich selbst – wenn er bereit ist, nicht mehr zu rufen. Vielleicht war das Ziel nie, gehört zu werden. Vielleicht war es, zu lernen, zu lauschen. Und in diesem Lauschen hört man manchmal etwas, das keine Stimme ist. Keine Botschaft. Kein Plan.

Sondern nur eine Gegenwart – klar, leer, echt. Vielleicht ist das genug. Wenn Gott uns nicht braucht, dann vielleicht deshalb, weil wir endlich erwachsen geworden sind. Nicht hart. Nicht zynisch. Sondern bereit, uns selbst zu halten – in einem Kosmos, der uns nichts verspricht. Und vielleicht ist das die höchste Form von Spiritualität: Nicht zu glauben, sondern zu fühlen. Nicht zu folgen, sondern zu stehen. Nicht zu bitten – sondern zu sein.

Notizen:

Notizen:

Kapitel 6: Die Angst vor dem Nichts

Warum das Schweigen des Universums nicht beantwortet werden muss.

Das Schweigen des Universums ist keine akustische Leere. Es ist eine existentielle. Wer in dunkle Himmelsweiten schaut, blickt nicht nur in die Tiefe der Galaxien, sondern in die eigene Bedeutungslosigkeit. Das Wissen, dass Milliarden Sonnen aufleuchten und vergehen, ohne uns zu bemerken, dass kein Fixstern auf unser Glück achtet, kein kosmisches Gesetz Mitgefühl kennt – dieses Wissen lässt in uns einen Abgrund entstehen, der tiefer ist als jeder Raum. Es ist der Abgrund der Entkoppelung. Nicht von der Welt – sondern von jedem Trost. In diesem Abgrund lebt die Angst vor dem Nichts. Eine Angst, die nicht laut schreit, sondern innerlich arbeitet, wie ein Echo auf das Fehlen jeder Bestätigung. Denn der Mensch ist ein Wesen, das gesehen werden will. Gehört. Gemeint.

Und dort, wo keine Antwort kommt, entsteht eine Spannung, die unerträglich scheint. Warum bin ich hier? Was soll das? Wer sieht mich? Und wenn niemand da ist, der diese Fragen beantwortet – was bleibt dann? Die alten Religionen versprachen einen Himmel, nicht nur als Ort, sondern als Antwort. Ein göttliches Ohr, das hört, was wir sagen. Ein allwissendes Herz, das uns kennt, noch bevor wir sprechen. Doch das Schweigen des Universums antwortet nicht. Es bleibt stumm. Und diese Stummheit wird von vielen als Angriff erlebt. Als seelischer Schock, den das Bewusstsein nicht fassen kann. Es ist nicht der Tod, der uns erschreckt – sondern die Ahnung, dass der Tod nicht gehört wird. Die Angst vor dem Nichts ist nicht dasselbe wie die Angst vor dem Ende. Sie ist tiefer. Sie berührt nicht die Existenz, sondern die Bedeutung. Es ist die stille

Frage: Was, wenn nichts folgt? Nicht nur nach dem Tod, sondern auch nach der Liebe, dem Scheitern, dem Leiden, dem Leben? Was, wenn das, was wir erleben, keine Spuren hinterlässt?

Wenn es keine Instanz gibt, die es sammelt, wertet, erinnert? Diese Angst lässt sich nicht einfach durch Philosophie bannen. Sie ist älter als jede Argumentation, körperlicher als jeder Gedanke. Sie sitzt in uns wie ein dunkler Kern, der sich meldet, sobald wir still werden. Und viele von uns füllen dieses innere Loch nicht mit Denken, sondern mit Glauben. Mit der Vorstellung, dass da jemand ist, der das alles sieht. Der das Chaos rahmt. Der das Leiden zählt. Der Sinn gibt, wo keiner ist. Doch was geschieht, wenn wir beginnen, dem Schweigen zu trauen? Wenn wir das Nichts nicht als Feind, sondern als Fakt betrachten? Wenn wir nicht mehr verlangen, dass es antwortet – sondern lernen, ihm zuzuhören? Dann beginnt eine andere Art von Bewusstsein. Eine, die nicht gegen das Nichts kämpft, sondern in ihm eine Grenze erkennt – und diese Grenze nicht überwindet, sondern achtet. Nicht aus Furcht. Sondern aus Reife. Die grösste Freiheit beginnt dort, wo der Mensch aufhört, gegen das Schweigen zu argumentieren. Dort, wo er die Frage nicht mehr stellt, weil er begriffen hat, dass sie nicht gestellt werden muss.

Vielleicht ist das Universum nicht leer – sondern nur nicht dialogfähig. Vielleicht will es nichts sagen. Und vielleicht ist das kein Mangel. Denn wenn die Welt uns nicht meint, sind wir frei, uns selbst zu meinen. Das Schweigen ist nicht kalt. Es ist nur nicht menschlich. Es urteilt nicht, es tröstet nicht, es verzeiht nicht. Aber es lässt Raum. Und dieser Raum ist das, worin wir atmen. Ohne göttliche Instanz, ohne metaphysische Adresse. Nur diese Weite. Nur dieses Jetzt. Nur dieses Ich – als einziger Bezugspunkt, der bleibt. Viele erschrecken sich vor dieser Einsamkeit. Doch in ihr liegt auch die Chance zur wirklichen Begegnung. Nicht mit einer höheren Macht.

Sondern mit sich selbst. Denn dort, wo das Aussen nichts verspricht, muss das Innen beginnen zu sprechen. Die Stimme, die dann hörbar wird, ist nicht göttlich – aber sie ist wahr. Sie sagt nicht:

Du bist geliebt. Aber sie fragt: Liebst du? Sie sagt nicht: Alles hat Sinn. Aber sie fragt: Was machst du daraus? In dieser Umkehr liegt die eigentliche Reifung: Nicht mehr auf Antwort warten – sondern zur Antwort werden. Der Mensch hat sich lange geweigert, das Nichts zu akzeptieren. Er hat es gefürchtet, verachtet, verdrängt. Hat Himmel erfunden, Höllen gemalt, Transzendenz beschrieben – alles, nur um dem Nichts ein Etwas entgegenzusetzen. Doch das Nichts lässt sich nicht bezwingen. Es ist die Kulisse, vor der alles spielt. Es ist nicht der Feind des Lebens, sondern sein Rahmen.

Ohne das Nichts gäbe es kein Jetzt. Kein Werden. Keine Tiefe. Die Angst vor dem Nichts ist daher auch eine Angst vor dem Leben ohne Halt. Ohne metaphysischen Griff. Doch genau dieser Halt verhindert oft, dass wir den Moment wirklich berühren. Wer immer weiss, dass etwas folgt, dass jemand richtet, dass etwas auffängt, lebt anders als jemand, der weiss: Dies ist alles. Es gibt kein Danach, das den Schmerz belohnt. Kein Höheres, das das Unrecht ausgleicht. Nur dieses Leben – ungesichert, aber wirklich. Und vielleicht ist diese Unsicherung keine Katastrophe. Vielleicht ist sie die Würde des Bewusstseins. Denn nur wer weiss, dass nichts antwortet, spricht aufrichtig. Nur wer begreift, dass es keine Garantie gibt, liebt ohne Berechnung. Und nur wer dem Nichts in die Augen sieht, beginnt, wirklich zu sehen. Nicht, weil er Antworten findet – sondern weil er aufhört, sich hinter Fragen zu verstecken.

Es gibt eine Form der Spiritualität, die nicht glaubt, sondern schweigt. Die nicht ruft, sondern lauscht. Die nicht auf Rettung hofft, sondern im Fall das Fliegen lernt. Diese Haltung entsteht nicht aus Überzeugung, sondern aus innerer Arbeit. Aus dem Mut, den eigenen Sinn nicht vom Universum zu erwarten, sondern aus sich selbst hervorzubringen. Wer so lebt, verliert viel – aber nicht sich selbst. Das Schweigen des Universums muss nicht beantwortet werden. Es darf bleiben, was es ist: Raum. Weite. Leere. Und gerade diese Leere ist voller Möglichkeit. Sie enthält keine Wahrheit – aber die Freiheit, Wahrheit zu suchen. Sie schenkt keine Liebe – aber die Freiheit, zu lieben. Sie gibt keinen Sinn – aber die Freiheit, einen zu schaffen. Das ist nicht wenig. Es ist vielleicht alles.

Wenn der Mensch aufhört, das Nichts zu fürchten, beginnt er, sich selbst zu hören. Dann wird der Kosmos nicht zum Vater, nicht zum Richter, nicht zur Stimme – sondern zum Spiegel. Und was er dann sieht, ist nicht leer. Es ist echt. Vielleicht war Gott nie mehr als ein Echo auf die Angst vor dem Schweigen. Und vielleicht ist die Antwort auf diese Angst nicht ein Glaube – sondern eine Gegenwart, die nichts will, nichts erwartet, nichts verspricht. Aber bleibt. In aller Stille.

Notizen:

Notizen:

Kapitel 7: Gebete ins Leere

Und was trotzdem antwortet.

Ein Mensch, der betet, stellt keine theologische Behauptung auf. Er vollzieht eine seelische Geste. Diese Geste kann in Worten bestehen, in Schweigen, in Zittern oder nur in einem Blick ins Leere. Das Gebet ist weniger eine Mitteilung als eine Bewegung – nicht vom Ich zum Himmel, sondern vom Innersten ins Ungewisse. Wer betet, erwartet nicht immer eine Antwort. Oft ist schon das Aussprechen selbst die Hoffnung, gehört zu werden. Und manchmal reicht es, dass etwas ausgesprochen wurde – selbst wenn es niemand empfängt. Doch was geschieht, wenn diese Worte nicht zurückgeworfen werden? Wenn sie im Raum verhallen, im Himmel verschwinden, im Universum auf keine Resonanz treffen? Dann bleibt ein Echo aus Stille. Und genau hier beginnt das Rätsel: Denn selbst in dieser Stille geschieht etwas. Das Gebet, obwohl unbeantwortet, verändert. Nicht die Welt – aber den, der es spricht. In der vermeintlichen Leere antwortet etwas – nur nicht so, wie man es sich wünscht. Die Antwort ist kein Satz, keine Stimme, keine Vision.

Sie ist eine Wendung im Innern, ein sanftes Verschieben der seelischen Landschaft. Vielleicht war das Gebet nie dafür gedacht, dass jemand von aussen antwortet. Vielleicht war es immer schon ein Spiegel. Kein Spiegel des Himmels, sondern des eigenen Menschseins. Wer betet, hört nicht Gott – sondern sich selbst in einer Tiefe, die sonst stumm bleibt. Und genau dort – in dieser Tiefe – liegt das, was wir so lange im Aussen gesucht haben. Die Antwort ist nicht transzendent. Sie ist psychologisch. Der Impuls zu beten kommt oft in Momenten, in denen das Denken nicht mehr weiterhilft. Wenn die Kontrolle versagt, wenn das Leben bricht, wenn der Schmerz grösser ist als jede Erklärung. Dann entsteht ein Sprechen jenseits der Vernunft. Es ist kein logisches Argument, sondern ein seelisches Rufen. Dieses Rufen richtet sich nach aussen – aber es kommt von einem Ort, der tiefer liegt als Sprache. Und dieser Ort ist uralt. Vielleicht älter als der Mensch selbst. Vielleicht ist er das, was ihn überhaupt erst menschlich macht: die Fähigkeit, inmitten des Dunkels ein Du zu formen, wo keines ist. Doch genau darin liegt das Paradoxe. Der Betende weiss oft, dass niemand antwortet.

Und dennoch spricht er. Nicht aus Täuschung, sondern aus Notwendigkeit. Die Stimme, die ruft, tut es nicht, weil sie glaubt – sondern weil sie fühlt. Sie sucht kein Ergebnis, sondern ein Gegenüber. Und wenn dieses Gegenüber ausbleibt, ist das Gebet dennoch nicht umsonst. Denn es schafft Raum. Einen inneren Ort, an dem das Unsagbare Platz findet. Die Psychologie kennt dieses Phänomen gut. Es ist die Erfahrung, dass der Mensch manchmal nur weiterleben kann, wenn er spricht – selbst wenn niemand zuhört. In der therapeutischen Praxis geschieht etwas Ähnliches:

Der Patient spricht, oft lange, bevor eine Antwort kommt. Und manchmal geschieht das Entscheidende nicht durch den Therapeuten, sondern durch das eigene Sprechen. Das Gebet – so verstanden – ist ein Selbstgespräch an der Schwelle zur Tiefe. Und in dieser Tiefe geschieht Wandlung. Es gibt Menschen, die aufgehört haben zu beten. Nicht aus Zorn. Nicht aus Überzeugung. Sondern aus Enttäuschung. Ihre Worte trafen auf keine Wand, keinen Himmel, kein Echo. Es blieb still – zu still. Und diese Stille wurde als Kälte empfunden, als Ablehnung, als Nicht-gemeint-Sein. Doch vielleicht war diese Stille gar nicht leer. Vielleicht war sie nur anders. Weniger übernatürlich – aber nicht weniger wirksam. Denn wer durchhält, weiterzuhören, dem antwortet etwas. Nicht sofort. Und nicht so, wie man es kennt. Aber spürbar. Die Antwort liegt nicht im Aussen.

Sie kommt nicht als Licht, nicht als Zeichen, nicht als Trost von oben. Sie entsteht im Innern – als Klarheit, als Loslassen, als neue Empfindsamkeit. Manchmal ist sie ein Gedanke, der früher nicht möglich war. Manchmal nur ein Atemzug, der wieder gelingt. Oder ein Tränenfluss, der keine Richtung braucht. All das sind Antworten. Nicht von Gott – aber vom Leben selbst, das durch uns hindurchgeht, wenn wir aufhören, es festzuhalten. Der Fehler liegt nicht im Beten. Der Fehler liegt im Erwarten. Wenn Gebet zur Bestellung wird, zur Forderung, zum Handel, dann wird es zum Missverständnis. Aber wenn es Ausdruck wird – frei von Hoffnung, frei von Angst – dann wird es zur Begegnung. Nicht mit einem Wesen.

Sondern mit dem, was im Menschen selbst göttlich genannt wurde, weil es nicht greifbar ist. Vielleicht war Gott nie aussen. Vielleicht war er immer schon das, was in uns antwortet, wenn wir endlich still genug werden, um zuzuhören. In der Geschichte der Religionen wurde das Gebet oft institutionalisiert, normiert, gezähmt. Man sprach Worte, weil sie überliefert waren. Man wiederholte Formeln, weil sie heilig galten. Doch das eigentliche Gebet ist roh. Es kennt keine Grammatik. Keine Adresse. Keine Sicherheit. Es ist das Sprechen eines Wesens, das nicht weiss, was es sagen soll – aber dennoch sprechen muss. Und gerade in dieser Unbeholfenheit liegt seine Kraft. Denn wer so spricht, spricht nicht mehr aus Rolle – sondern aus Wahrheit. Und diese Wahrheit ist berührend. Nicht, weil sie richtig ist – sondern weil sie echt ist. Ein Mensch, der ins Leere ruft, zeigt mehr Menschlichkeit als hundert, die überzeugt antworten. Denn in diesem Rufen liegt Verletzlichkeit. Und in dieser Verletzlichkeit liegt Würde. Das Gebet, das keine Antwort erhält, ist kein Scheitern – es ist ein Zeugnis. Es zeigt, dass jemand gewagt hat, sich zu öffnen, ohne Schutz, ohne Garantie. Und genau darin liegt das, was vielleicht heilig genannt werden darf: nicht, was kommt – sondern dass jemand geblieben ist. Vielleicht geht es nicht darum, dass das Gebet erhört wird. Sondern dass es gesprochen wurde. Dass jemand den Mut hatte, nicht zu schweigen. Dass jemand in der Leere nicht verstummte. Diese innere Bewegung ist keine Lösung. Aber sie ist ein Beginn. Nicht im Aussen. Sondern im Inneren. Und was dort entsteht, ist nicht Beweis, nicht Wunder – sondern Bewusstsein. Und dieses Bewusstsein ist es, das trägt.

Was also antwortet, wenn niemand antwortet? Vielleicht nichts – im herkömmlichen Sinn. Keine Instanz. Kein Wille. Kein Gegenüber. Aber vielleicht geschieht etwas in uns, das tief genug ist, um nicht benannt werden zu müssen. Vielleicht antwortet das Leben selbst, wenn wir aufhören, es zwingen zu wollen. Vielleicht beginnt die Wandlung dort, wo wir aufhören, Erwartungen zu stellen – und einfach sprechen, weil das Sprechen uns selbst hörbar macht. Das Gebet ins Leere ist kein Beweis für Gottesferne – sondern ein Akt des Mutes. Es ist der Versuch, die eigene Stimme zuzulassen, auch wenn sie keine Bestätigung erhält. Es ist das Ja zur eigenen Tiefe – nicht, weil sie geadelt wird, sondern weil sie da ist. Und wenn in dieser Tiefe eine Antwort kommt, dann ist sie nicht überirdisch. Sie ist still. Sie ist leise. Und sie ist echt. Gott braucht uns nicht. Aber vielleicht brauchen wir ein Ohr – nicht draussen, sondern drinnen. Ein Ohr, das uns zuhört, wenn wir alles verlieren. Ein Ohr, das nichts sagt, nichts verspricht, nichts bewertet. Nur da ist. Vielleicht ist dieses Ohr nicht göttlich. Vielleicht ist es einfach menschlich. Und vielleicht ist das genug.

Notizen:

Notizen:

Kapitel 8: Moral ohne Himmel

Wie Ethik unabhängig von Religion gedacht werden kann.

Der Gedanke, dass Moral göttlichen Ursprungs sei, gehört zu den tiefsten Annahmen religiöser Weltdeutung. Er scheint intuitiv einleuchtend: Wenn es ein höheres Wesen gibt, das den Menschen erschaffen hat, dann liegt es nahe, dass auch der Massstab für richtig und falsch aus diesem Wesen entspringt. Doch was, wenn dieser Ursprung fehlt? Was, wenn niemand sieht, was wir tun – wenn kein Jenseits unsere Taten prüft, kein allwissender Richter unsere Beweggründe misst? Ist Moral dann beliebig? Verfällt sie in Beliebigkeit, wenn ihr die göttliche Instanz entzogen wird? Diese Frage ist alt. Und sie ist trügerisch. Denn sie stellt eine Verbindung her, die nicht zwingend ist. Sie suggeriert, dass der Mensch nur dann gut sein könne, wenn jemand ihn dazu verpflichtet. Dass Anstand, Mitgefühl, Gerechtigkeit nur im Schatten eines höheren Gebots denkbar seien. Doch diese Vorstellung entmündigt. Sie macht den Menschen nicht zu einem moralischen Wesen, sondern zu einem folgsamen. Sie ersetzt das Gewissen durch Gehorsam. Und sie leugnet, dass das Gute im Menschen selbst wohnen könnte – als Fähigkeit, als Möglichkeit, als Entscheidung. Der Versuch, Moral ohne göttliche Instanz zu denken, ist kein Angriff auf Religion.

Er ist ein Plädoyer für psychologische Reife. Denn wer Gutes nur tut, weil er Strafe fürchtet oder Belohnung erhofft, handelt nicht moralisch, sondern strategisch. Die Frage ist daher nicht: Gibt es Moral ohne Gott? Sondern: Können wir gut sein, ohne geführt zu werden? Diese Frage trifft den Kern einer Ethik, die nicht von oben kommt, sondern aus dem Inneren entsteht. Kinder gehorchen, weil sie noch nicht unterscheiden können. Erwachsene gehorchen oft, weil sie verlernt haben zu unterscheiden. Die Entwicklung moralischer Urteilskraft ist kein linearer Prozess. Sie verlangt nicht nur Wissen, sondern Einsicht. Nicht nur Erfahrung, sondern Selbstbezug. Moral wird nicht in Geboten gelernt, sondern in Beziehungen.

In den leisen Momenten, in denen man spürt, dass etwas falsch war – nicht, weil es verboten war, sondern weil es verletzte. Weil es trennte. Weil es den eigenen inneren Massstab verfehlte, der noch gar keinen Namen trägt, aber doch spürbar ist. Dieser Massstab ist keine göttliche Stimme. Er ist ein Resonanzorgan. Eine seelische Struktur, die sich bildet durch Begegnung, durch Auseinandersetzung, durch Verantwortung. Der Mensch entwickelt sein moralisches Empfinden nicht im Katechismus, sondern im Blick des anderen. Im Kind, das weint, wenn man hart war. Im Freund, der schweigt, wenn man sich entfernt hat. In der Fremden, deren Geschichte man hört und plötzlich erkennt: Ich hätte auch anders handeln können. Diese Form der Ethik ist verletzlich.

Sie kennt keine absoluten Regeln, keine sicheren Antworten. Sie ist prozesshaft, dialogisch, voller Widerspruch. Doch gerade in dieser Offenheit liegt ihre Stärke. Denn sie zwingt zur Präsenz. Wer nicht mehr auf ein Gesetz pochen kann, muss sich selbst befragen – immer wieder neu. Nicht im Namen einer Religion. Sondern im Namen der Menschlichkeit, die kein Glaubensbekenntnis braucht, um sich zu zeigen. Viele Religionen haben moralische Systeme hervorgebracht. Doch diese Systeme wurden oft nicht aus Mitgefühl geformt, sondern aus Ordnung. Moral war dann ein Instrument der Struktur – nicht der Verbindung. Was zählt, ist nicht, ob jemand leidet, sondern ob jemand gesündigt hat. Nicht, ob eine Tat heilt, sondern ob sie erlaubt ist. In diesem Denken wird Moral zur Technik – zur Anwendung von Regeln, unabhängig vom Leben, das sie betreffen. Diese Abstraktion trennt. Sie erschafft moralische

Maschinen – Menschen, die tun, was geschrieben steht, aber nicht mehr spüren, warum. Doch wo das Fühlen fehlt, wird das Gute hohl. Ethik ohne inneres Erleben ist wie Musik ohne Klang.

Sie lässt sich beschreiben, aber nicht leben. Und so braucht es eine Rückkehr zu einer Ethik, die nicht im Himmel verankert ist, sondern im Hier und Jetzt. In Begegnungen, in Konflikten, in der Stille zwischen zwei Blicken. Eine solche Ethik lebt von Verletzlichkeit. Von der Bereitschaft, sich in Frage stellen zu lassen. Von der Fähigkeit, Schuld nicht zu externalisieren, sondern zu tragen. Und von der Demut, sich selbst nicht als moralisches Zentrum zu begreifen, sondern als Teil eines Geflechts, in dem jedes Tun wirkt. Nicht weil es jemand sieht – sondern weil es jemand spürt. Diese Form von Moral ist nicht heroisch. Sie ist still. Aber sie ist echt. Der Verlust der göttlichen Moralinstanz kann schmerzen. Nicht, weil man dann weniger wüsste – sondern weil man selbst entscheiden muss.

Die Sicherheit des göttlichen Gebots wird ersetzt durch den Zweifel der Verantwortung. Nichts ist mehr eindeutig. Und genau das ist die Prüfung: nicht zu wissen – und dennoch zu handeln. Die ethische Reife zeigt sich nicht im Befolgen, sondern im Aushalten. Nicht in der Klarheit, sondern im Ringen. In dieser Spannung liegt die Würde des Menschen. Denn sie zeigt, dass er nicht gezwungen werden muss, um gut zu sein. Dass er fähig ist, mit sich selbst zu sprechen – nicht als Richter, sondern als Zeuge. Moral ohne Himmel ist nicht Moral ohne Massstab. Sie ist Moral mit einem Massstab, der atmet, der wächst, der sich korrigieren lässt. Eine Ethik, die sich nicht auf Ewigkeit beruft, sondern auf Begegnung.

Auf Nähe. Auf das, was zwischen uns geschieht, wenn wir uns wirklich sehen. Vielleicht liegt genau hier die Zukunft einer neuen Moral. Nicht im Glaubenssatz, sondern im Gespräch. Nicht im Gesetz, sondern im Gewissen. Nicht im Himmel – sondern im Alltag. Der Mensch braucht keinen Gott, um zu wissen, was richtig ist. Er braucht nur den Mut, hinzusehen, zuzuhören, sich berühren zu lassen. Und das Vertrauen, dass diese Berührbarkeit nicht Schwäche ist – sondern der Beginn von allem, was gut ist. Wenn es keine übernatürliche Instanz gibt, die unser Handeln richtet – was bleibt dann? Vielleicht nur dies: ein Leben, das wir selbst verantworten müssen. Eine Welt, in der wir die Massstäbe setzen – im Wissen, dass wir irren können, aber nicht ausweichen dürfen. Eine Ethik, die nicht stützt, sondern fordert. Doch gerade in dieser Forderung liegt Freiheit. Denn nur wer nicht gezwungen wird, kann sich entscheiden. Und nur wer sich entscheidet, kann wirklich gut sein.

Moral ohne Himmel ist kein Mangel. Sie ist eine Herausforderung. Sie verlangt mehr von uns – nicht weniger. Und sie gibt weniger Sicherheit – aber mehr Tiefe. Der Mensch, der nicht glaubt, dass jemand ihn beobachtet, tut Gutes nicht, weil er muss, sondern weil er es für richtig hält. Und dieser Entschluss – nackt, zweifelnd, verletzlich – ist vielleicht das Ehrlichste, was ein Mensch tun kann. Vielleicht war der Himmel nie das Zuhause der Moral. Vielleicht wohnt sie dort, wo jemand innehält. Wo jemand fragt. Wo jemand spürt: Ich könnte auch anders. Und wo jemand sich entscheidet, das Gute nicht zu tun, weil es geboten ist – sondern weil es gebraucht wird. Nicht für die Ewigkeit. Sondern für den Moment. Für den anderen. Für sich selbst. Ohne Himmel. Aber mit Herz.

Notizen:

Notizen:

Kapitel 9: Die Psychologie des Glaubens

Was Religion im Innersten mit dem Selbstwertgefühl zu tun hat.

Der Glaube ist selten nur eine Weltanschauung. Er ist eine Selbstbeschreibung. Wer an einen Gott glaubt, glaubt selten nur an ein metaphysisches Wesen – er glaubt an einen Platz in der Ordnung der Dinge. Ein Platz, der ihm Bedeutung verleiht, Orientierung gibt, Existenz legitimiert. Der Glaube beginnt oft dort, wo das Gefühl einsetzt, dass man nicht reicht. Nicht als Mensch, nicht als Körper, nicht als Handlung. Und was dann hinzukommt, ist nicht nur Hoffnung auf das Jenseits, sondern eine stille Bitte um Bestätigung: Sag mir, dass ich zähle. In dieser Bitte liegt eine tiefe Wahrheit über das Wesen der Religion. Sie ist nicht nur eine Antwort auf die kosmologischen Fragen des Menschen, sondern auf seine emotionalen. Sie vermittelt nicht nur Sinn, sondern auch Selbstwert. Und je schwächer dieser in einem Menschen verankert ist, desto dringlicher wird das Bedürfnis nach einer Instanz, die ihn zuspricht.

Das Göttliche wird zur seelischen Instanz, die sagt: Du bist gewollt. Du bist gesehen. Du bist gerechtfertigt – nicht durch dich selbst, sondern durch etwas, das grösser ist als du. Diese psychologische Struktur des Glaubens ist subtil, aber wirkungsvoll. Sie erklärt, warum der Glaube selbst dann standhält, wenn er intellektuell nicht mehr überzeugt. Er funktioniert, weil er nicht in erster Linie überzeugt, sondern hält. Weil er ein brüchiges Ich in eine Ordnung einbettet, in der es sich nicht selbst tragen muss. Und genau darin liegt seine Stärke – und seine Gefahr. Ein Mensch, dessen Selbstwert in sich ruht, kann glauben – aber er muss es nicht. Ein Mensch jedoch, dessen inneres Gleichgewicht davon abhängt, dass jemand ihn für wertvoll hält, wird glauben müssen. Nicht aus Überzeugung, sondern aus Not. Und dieser Glaube ist dann nicht frei, sondern funktional. Er dient nicht der Wahrheitssuche, sondern der Selbstregulation. Religion wird in diesem Fall nicht zur geistigen Öffnung, sondern zur emotionalen Stütze. Und das ist verständlich – aber auch problematisch. Denn was geschieht, wenn die Instanz, die Selbstwert verleiht, bedroht wird? Wenn der Glaube ins Wanken gerät, nicht nur als Idee, sondern als Quelle der seelischen Stabilität? Dann gerät der Mensch selbst ins Wanken. Nicht, weil ein Dogma bricht, sondern weil ein innerer Halt wegzubrechen droht.

Die Verteidigung religiöser Überzeugungen ist daher oft keine Sache der Argumente, sondern der Identität. Man verteidigt nicht eine Idee, sondern die eigene emotionale Heimat. Diese Dynamik erklärt, warum religiöse Kritik so oft als persönlicher Angriff erlebt wird. Sie wird nicht nur als Irritation des Denkens empfunden, sondern als Bedrohung der psychischen Integrität. Denn wo Religion Selbstwert ersetzt, wird Zweifel zur seelischen Gefahr. Und deshalb muss geglaubt werden – nicht aus geistiger Kraft, sondern aus psychischer Notwendigkeit. Die Wahrheit des Glaubens spielt dann keine Rolle mehr. Was zählt, ist seine Funktion im inneren Gleichgewicht. In der therapeutischen Arbeit begegnet man dieser Dynamik häufig. Menschen, die sich als tief gläubig bezeichnen, zeigen oft ein fragiles Selbstbild, das durch den Glauben stabilisiert wird.

Ihre Gottesbeziehung ist nicht nur eine spirituelle, sondern eine emotionale Kompensation. Gott liebt mich – also bin ich liebenswert. Gott sieht mich – also bin ich nicht unsichtbar. Gott vergibt mir – also darf ich mir selbst noch nicht verzeihen. Hinter diesen Formeln steckt eine tiefe Abhängigkeit, die nicht bewusst ist, aber wirksam. Das bedeutet nicht, dass alle Gläubigen ein schwaches Selbstwertgefühl haben. Aber es bedeutet, dass Glaube sehr oft die Lücke füllt, die das Ich nicht selbst schliessen konnte. Und je grösser diese Lücke, desto absoluter wird die Bindung an das Göttliche. Dann wird Glaube nicht mehr nur zur Kraftquelle – sondern zur Bedingung des psychischen Überlebens. Und in dieser Bedingung liegt das Risiko: Wer glaubt, um sich selbst zu ertragen, kann schwer aufhören zu glauben – ohne sich zu verlieren.

Der Weg zu einem Glauben, der nicht kompensiert, sondern inspiriert, führt daher über die Frage: Wer bin ich, wenn niemand mehr sagt, dass ich gut bin? Was bleibt von mir, wenn ich nicht mehr geliebt werde – weder von Menschen noch von Gott? Diese Fragen sind unbequem, aber sie sind notwendig. Denn erst wenn der Mensch sich selbst tragen kann, wird der Glaube frei – zu gehen oder zu bleiben. Nicht aus Mangel, sondern aus Wahl. Ein Glaube, der auf Selbstwert gegründet ist, nicht auf Selbstzweifel, verändert alles. Er ist nicht defensiv, sondern offen. Nicht kämpferisch, sondern dialogfähig. Er erträgt den Zweifel, weil er nicht gegen ihn gerichtet ist. Er braucht keine absolute Gewissheit, weil er nicht als Schutzschild dient. Und vor allem: Er muss nicht gewinnen, um zu bestehen. Ein solcher Glaube wächst nicht aus Schwäche, sondern aus Reife. Er ist weniger eine Antwort als eine Haltung. Weniger eine Festung als eine Landschaft, durch die man sich bewegt.

Doch um dorthin zu gelangen, braucht es Mut. Mut, das Eigene zu sehen – ohne es sofort durch etwas Höheres legitimieren zu müssen. Mut, sich selbst als wertvoll zu erleben – auch ohne metaphysische Rückversicherung. Und Mut, das eigene Menschsein als ausreichend zu begreifen, auch wenn es bricht, zweifelt, fehlt. Dieser Mut ist nicht spektakulär. Er zeigt sich in der Stille, mit der ein Mensch sein Leben trägt, ohne sich daran festzuhalten, dass jemand ihm versprochen hat, es sei wichtig. Vielleicht liegt genau darin die eigentliche Würde: nicht darin, dass man glaubt – sondern darin, dass man auch ohne Glaube bestehen könnte, weil man sich selbst nicht mehr verloren geht. Weil man erkannt hat: Ich bin nicht göttlich – aber ich bin. Und das reicht. Nicht immer. Nicht vollkommen. Aber genug, um zu atmen, zu handeln, zu lieben. Religion ist mehr als eine Weltdeutung – sie ist ein Resonanzraum des Selbst. Und wie jeder Resonanzraum verstärkt sie, was schon da ist.

Wer sich selbst verachtet, findet im Glauben oft einen Ort, um zu fliehen. Wer sich selbst kennt, findet im Glauben einen Ort, um zu bleiben. Es ist nicht der Glaube, der den Menschen formt – sondern der Mensch, der dem Glauben Form gibt. Und diese Form ist abhängig von seiner inneren Verfasstheit. Die Psychologie des Glaubens ist daher kein Nebenaspekt. Sie ist sein Kern. Denn der Glaube spricht nicht nur zu einem Weltbild – sondern zum innersten Selbst. Und wer dieses Selbst nicht kennt, läuft Gefahr, in einer Glaubensstruktur zu verschwinden, die ihm verspricht, was er sich selbst nicht geben kann: Annahme, Würde, Sicherheit. Doch diese Versprechen sind trügerisch, wenn sie nicht auf Eigenstand gründen. Vielleicht braucht es keinen Gott, um sich selbst zu lieben. Vielleicht braucht es nur die Geduld, sich selbst zuzuhören – ohne Urteil, ohne Heilserwartung, ohne Bedingung. Und wenn dann noch ein Glaube bleibt, dann ist er frei. Dann ist er nicht mehr die Antwort auf einen Mangel, sondern die Folge einer Fülle. Dann ist er kein Ersatz für den Selbstwert – sondern ein Ausdruck dessen, dass dieser Mensch den Himmel nicht braucht, um sich als wertvoll zu empfinden. Er genügt sich – und glaubt dennoch. Oder gerade deshalb.

Notizen:

Notizen:

Kapitel 10: Der Preis des Gehorsams

Wie religiöse Erziehung die Freiheit des Denkens formt – oder erstickt.

Erziehung beginnt nicht mit dem ersten Wort, sondern mit dem ersten Blick. Noch bevor ein Kind sprechen kann, hat es bereits gelernt, wie Nähe funktioniert, was Zustimmung bedeutet, wie Bindung entsteht. In diesen frühen Momenten formt sich nicht nur Beziehung, sondern Weltverstehen. Die Art, wie Eltern reagieren, wird zu einer inneren Stimme. Sie sagt nicht nur: Du bist geliebt – sie sagt auch: So ist die Welt. In dieser frühen Prägung liegt die Wurzel jeder Erziehung – auch der religiösen. Wenn Religion Teil dieses Prozesses ist, geschieht mehr als nur eine kulturelle Vermittlung. Es wird nicht einfach ein Weltbild weitergegeben – es wird ein innerer Massstab geformt. Ein Massstab, der nicht durch Nachdenken entsteht, sondern durch Wiederholung. Der Glaube wird nicht eingepflanzt – er wird verinnerlicht. Und das geschieht oft nicht im Gespräch, sondern im Tonfall, im Schweigen, in der Geste, mit der ein Kind lernt, wann es richtig ist und wann falsch. Religiöse Erziehung beginnt nicht bei Gott – sie beginnt beim Gehorsam.

Denn in der religiösen Erziehung wird oft eine Struktur vermittelt, die klare Hierarchien kennt: Es gibt ein Oben und ein Unten, ein Richtig und ein Falsch, ein Gehorsam und ein Abweichen. Diese Struktur prägt nicht nur das Verhalten – sie formt das Denken. Wer früh lernt, dass bestimmte Fragen nicht gestellt werden dürfen, stellt sie irgendwann nicht mehr. Und wer spürt, dass Zweifel als Schwäche gelten, entwickelt Techniken der inneren Zensur. Nicht aus Angst – sondern aus Loyalität. Gehorsam ist ein stiller Lehrer. Er erzieht nicht durch Argument, sondern durch Atmosphäre. In religiösen Familien ist er oft mit Liebe verwoben – nicht als Gegensatz, sondern als Bedingung. Du bist gut, wenn du glaubst.

Du wirst angenommen, wenn du dich fügst. Du gehörst dazu, wenn du nicht abweichst. Diese Botschaften werden selten ausgesprochen – sie sind wie eine zweite Haut. Sie vermitteln ein Dazugehören, das an Bedingungen geknüpft ist. Und diese Bedingungen sind nicht verhandelbar, weil sie heilig sind. In dieser Heiligkeit liegt die eigentliche Macht der religiösen Erziehung: Sie entzieht sich der Diskussion. Was von Gott kommt, darf nicht in Frage gestellt werden. Und was nicht in Frage gestellt werden darf, wird nicht mehr gedacht. So entsteht ein Raum des Gehorsams, der nicht äusserlich erzwungen ist – sondern innerlich verankert. Die Kinder lernen nicht, zu zweifeln. Sie lernen, den Zweifel als Schuld zu empfinden.

Und diese Schuld bindet. Sie bindet das Denken, das Fühlen, das eigene Verhältnis zur Wahrheit. Denn Wahrheit wird nicht mehr gesucht – sie wird übernommen. Sie wird nicht erlebt – sie wird verkündet. Und in dieser Form verliert das Denken seine Würde. Es wird funktional. Es dient der Bestätigung dessen, was vorgegeben wurde. Und was vorgegeben wurde, darf nicht verändert werden. Diese Struktur wirkt tief. Auch im Erwachsenenalter. Viele, die sich vom Glauben gelöst haben, tragen den Gehorsam weiter – in Form von Schuldgefühlen, Selbstzensur, innerem Widerstand gegen die eigene Freiheit. Freiheit ist nicht das Gegenteil von Religion. Aber sie ist das Gegenteil von blindem Gehorsam. Eine religiöse Erziehung, die Freiheit ermöglicht, wäre eine, die Fragen erlaubt.

Die nicht verletzt ist, wenn ein Kind zweifelt. Die nicht strafen muss, wenn jemand denkt. Doch solche Erziehung ist selten. Oft ist Religion nicht der Rahmen, in dem Freiheit gedeiht, sondern der Filter, durch den Freiheit selektiert wird. Nur was in den Glauben passt, darf gedacht, gefühlt, gelebt werden. Alles andere wird still oder laut unterdrückt. Das Ergebnis ist nicht immer ein offener Konflikt. Oft ist es eine leise Anpassung. Menschen, die gelernt haben, sich nicht mit ihrer Freiheit zu konfrontieren. Die nicht merken, dass ihre Gedanken gelenkt sind, weil sie nie erlebt haben, wie freies Denken sich anfühlt. Sie wirken angepasst, aber innerlich eng.

Sie glauben – nicht, weil sie überzeugt sind, sondern weil sie nie gelernt haben, nicht zu glauben. Und selbst wenn sie aufhören zu glauben, bleibt die Struktur bestehen: als Misstrauen gegenüber dem eigenen Empfinden, als Angst vor Abweichung, als Scheu vor Komplexität. Diese Menschen leiden nicht an Religion – sie leiden an einer Form von Denken, die sich nicht emanzipieren durfte. Die sich nicht als eigen erleben durfte. Die immer abhängig blieb – von einer Wahrheit, die über ihnen schwebte. Und so tragen sie in sich nicht nur einen verlorenen Glauben, sondern eine verlorene Selbstbeziehung. Denn wer nie frei denken durfte, hat oft auch nie frei fühlen gelernt. Und wer nie frei fühlen konnte, wird schwer lieben – sich selbst, die Welt, den Zweifel. Die Freiheit des Denkens beginnt nicht mit Wissen, sondern mit Erlaubnis. Ein Kind, das spürt: Ich darf fragen, wird anders denken als eines, dem vermittelt wurde: Du musst glauben. Diese Erlaubnis ist keine pädagogische Technik – sie ist eine Haltung. Sie bedeutet: Ich halte es aus, wenn du anders denkst. Ich traue dir zu, dass du deinen Weg findest.

Ich glaube nicht, dass du verloren gehst, wenn du dich entfernst. Diese Haltung ist selten – besonders in religiösen Kontexten, in denen Abweichung als Gefahr gilt. Doch ohne diese Haltung bleibt Denken defensiv. Es wird zur Strategie des Überlebens – nicht zur Bewegung der Entfaltung. Und wer sich intellektuell duckt, wird seelisch nicht aufrecht. Das bedeutet nicht, dass religiöse Erziehung grundsätzlich schädlich ist. Es bedeutet nur, dass sie gefährlich wird, wenn sie keine Freiheit kennt. Wenn sie glaubt, dass Wahrheit nicht gesucht, sondern übernommen werden muss.

Dann wird aus Glaube Kontrolle. Aus Liebe Pflicht. Aus Orientierung Enge. Der Preis des Gehorsams ist hoch. Er wird nicht in Dogmen gezahlt – sondern in verlorenen Möglichkeiten. In Fragen, die nie gestellt wurden. In Gedanken, die nie gedacht werden durften. In einem Selbst, das nie herausfinden konnte, wer es ist, weil es immer schon wissen musste, was es zu sein hat. Dieser Preis ist nicht sichtbar – aber er ist spürbar. In der Stille, mit der manche schweigen. In der Müdigkeit, mit der sie glauben. In der Angst, mit der sie sich vom Denken abwenden. Eine freiheitsfähige Erziehung verlangt Mut – besonders dort, wo Religion im Spiel ist. Sie verlangt von Eltern, dem Kind nicht nur Gott zu zeigen, sondern es in die Lage zu versetzen, selbst zu entscheiden, was es glauben will.

Sie verlangt, dass das Denken nicht als Bedrohung erlebt wird, sondern als Gabe. Und dass die Frage nicht gefürchtet wird, sondern als Zeichen innerer Reife begrüsst. Dann wird Glaube nicht mehr zur Pflicht – sondern zur Möglichkeit. Und Gehorsam nicht mehr zur Bedingung – sondern zur Wahl. Vielleicht ist es das, was der Mensch heute braucht: nicht weniger Religion – sondern mehr Freiheit in der Religion. Nicht weniger Glaube – sondern ein Glaube, der das Denken nicht fürchtet. Ein Glaube, der nicht einengt, sondern begleitet. Der nicht formt, sondern stärkt. Und der nicht erzwingt, sondern vertraut. Denn nur dort, wo Vertrauen ist, kann Freiheit entstehen. Und nur in der Freiheit zeigt sich, ob ein Glaube trägt – oder nur ersetzt, was nie wachsen durfte. Der Preis des Gehorsams ist nicht nur intellektuell – er ist existenziell. Wer ihn zahlt, verliert nicht nur die Möglichkeit, selbst zu denken – sondern die Chance, selbst zu werden. Doch wer sich aus diesem Gehorsam löst, zahlt auch: mit Einsamkeit, mit Zweifel, mit

Orientierungslosigkeit. Aber er gewinnt: Würde, Klarheit, Wahrheit. Und vielleicht ist das genug, um zu sagen: Gott braucht uns nicht – und wir müssen nicht mehr glauben, um uns zu erlauben, zu denken.

Notizen:

Notizen:

Kapitel 11: Transzendenz ohne Transzendenz

Warum Tiefe auch ohne Glaube möglich ist.

Es gibt Momente, in denen der Mensch innehält. Nicht, weil er muss – sondern weil er nicht anders kann. Ein Sonnenaufgang, der mehr ist als Licht. Ein Blick, der mehr sagt als Worte. Eine Stille, die nicht leer, sondern weit ist. In solchen Augenblicken entsteht etwas, das sich nicht erklären lässt, aber auch nicht geleugnet werden kann. Etwas, das über das Alltägliche hinausweist, ohne es zu verlassen. Dieses Etwas wird oft „transzendent" genannt. Und lange Zeit war klar, was damit gemeint war: das Göttliche, das Jenseitige, das Höhere. Doch was, wenn es diese Transzendenz nicht braucht? Was, wenn Tiefe nicht an eine andere Welt gebunden ist, sondern mitten in dieser geschieht? Was, wenn das Erleben, das als heilig empfunden wird, nicht auf etwas zurückgeht, das ausserhalb von uns liegt – sondern auf eine Bewegung in uns selbst?

Dann wäre Transzendenz keine religiöse Kategorie mehr, sondern eine psychologische. Kein Verweis nach oben – sondern eine Öffnung nach innen. Kein Glaube – sondern Gegenwart. Die Frage ist nicht, ob der Mensch Tiefe braucht. Die Frage ist, woher er sie bezieht. Wer glaubt, dass nur Religion Zugang zu echtem Sinn, zu spiritueller Erfahrung, zu tiefer Berührung bietet, unterschätzt die Fähigkeit des Menschen, sich selbst zu durchdringen. Transzendenz beginnt nicht mit einem Dogma – sondern mit einem Staunen. Und dieses Staunen ist möglich, ohne dass ein Himmel aufreisst. Es genügt, dass sich ein Inneres weitet. Tiefe entsteht nicht dort, wo etwas erklärt wird – sondern dort, wo etwas aufhört, sich entziehen zu müssen. Sie ist kein Ergebnis, sondern ein Zustand. Und dieser Zustand lässt sich nicht herbeiführen, aber er lässt sich bemerken.

In der Erfahrung des Loslassens, der Hingabe, der Nähe zu etwas, das nicht benannt werden kann, aber spürbar ist.

Manche nennen es Seele, andere Präsenz, manche Geist. Doch unabhängig vom Begriff bleibt das Erlebnis: der Moment, in dem das Ich aufhört, Mittelpunkt zu sein – ohne sich dabei zu verlieren. In religiösen Kontexten wird dieser Moment als Berührung durch das Göttliche verstanden. In nichtreligiösen Kontexten fehlt dieser Begriff – aber nicht das Erlebnis. Auch der Ungläubige kennt das Staunen, das Aufgehen, das Schweigen inmitten von Bedeutung. Auch der Atheist spürt die Erhabenheit des Augenblicks, die Tiefe eines Blicks, die Weite eines Gedankens, der grösser ist als das eigene Ich. Es ist nicht das Jenseitige, das fehlt – es ist nur die Notwendigkeit, es so zu nennen. Wer Transzendenz ohne Transzendenz erlebt, steht nicht ausserhalb des Spirituellen. Er steht nur jenseits seiner Codierung. Er muss nicht glauben, um zu spüren. Er muss nicht beten, um still zu werden. Er muss nicht an ein Höheres denken, um tief zu sein. Seine Erfahrung ist nicht ärmer – nur freier.

Freier von Erklärung, von Überbau, von Erwartung. Und genau in dieser Freiheit liegt ihre Reinheit. Sie will nichts. Sie zeigt nur. Die Vorstellung, dass Tiefe nur über das Göttliche zugänglich ist, basiert auf einem Missverständnis: dass Bedeutung immer von aussen kommen muss. Dass das, was uns übersteigt, auch ausserhalb von uns liegen muss. Doch diese Vorstellung ist historisch geprägt – nicht notwendig. Der Mensch hat gelernt, das Aussergewöhnliche nach aussen zu verlagern, weil es im Inneren zu gross war, um es zu halten. Das Göttliche war eine Projektion – nicht weil es unecht war, sondern weil es zu echt war, um es zuzulassen. Doch heute kann der Mensch lernen, sich selbst zum Raum dieser Tiefe zu machen. Nicht als Gott – sondern als fühlendes Wesen, das weiss: Ich bin begrenzt – und genau deshalb offen. Ich bin endlich

– und gerade deshalb fähig zur Weite. Diese Form von Tiefe ist kein Abbild des Himmels. Sie ist die Entdeckung eines inneren Ortes, an dem nichts gesagt werden muss, um wahr zu sein. Und an dem nichts geglaubt werden muss, um zu tragen. Diese Erfahrung ist nicht weniger spirituell, nur weil sie ohne Transzendenz auskommt.

Sie ist vielleicht sogar reiner – weil sie nicht überhöht, sondern verankert. Weil sie den Menschen nicht über sich hinausführen will, sondern zu sich zurück. Tiefe, die nicht flieht, sondern bleibt. Die nicht entrückt, sondern öffnet. Und die nicht glaubt, sondern sieht. Vielleicht ist das das eigentliche Wunder: dass wir keine Götter brauchen, um göttlich zu empfinden. Viele suchen heute nach Sinn, nach Tiefe, nach dem, was man früher Seele nannte. Doch sie suchen es oft in alten Formen – weil sie glauben, es gebe keinen Zugang ausserhalb der religiösen. Doch der Zugang war nie das Problem. Das Problem war die Erlaubnis. Die Erlaubnis, zu empfinden, ohne zu glauben. Zu berührt zu sein, ohne sich erklären zu müssen.

Zu leben, ohne sich rechtfertigen zu müssen. In diesem inneren Freiraum beginnt eine neue Form des Spirituellen – ohne Religion, aber mit vollem Ernst. Diese neue Form ist nicht laut. Sie braucht keine Tempel, keine Dogmen, keine Heiligen. Sie braucht nur Aufmerksamkeit. Den Mut, im Moment zu verweilen. Die Bereitschaft, sich nicht zu flüchten – weder ins Jenseits noch ins Nichts. Und die Fähigkeit, das, was ist, nicht als blossen Zustand zu begreifen, sondern als Einladung. Eine Einladung, tiefer zu sehen, weiter zu fühlen, anders zu hören. Transzendenz ohne Transzendenz ist kein Widerspruch. Sie ist eine Haltung. Eine Präsenz, die nicht wissen muss, warum sie da ist. Eine Tiefe, die nicht jenseits der Welt liegt, sondern mitten in ihr. Und die dadurch glaubwürdiger wird – weil sie nicht flieht, sondern bleibt. Nicht aufsteigt, sondern durchdringt. Und nicht verspricht, sondern zeigt: Das Leben selbst ist gross genug, um still zu werden. Vielleicht brauchen wir keine Transzendenz mehr – nicht, weil wir nichts Höheres mehr suchen, sondern weil wir das Höhere nicht mehr auslagern müssen.

Vielleicht ist das, was wir früher Gott nannten, heute nichts anderes als unsere Fähigkeit zur Tiefe, zur Resonanz, zur Stille. Vielleicht war Transzendenz immer nur ein anderer Name für eine innere Bewegung, die sich nicht greifen lässt, aber wahr ist. Und vielleicht beginnt genau hier ein neues Zeitalter: nicht jenseits der Religion, sondern jenseits ihrer Notwendigkeit. Der Mensch ist fähig, zu fühlen, zu ahnen, zu erkennen – ohne dabei zu glauben. Er ist fähig, zu lieben, zu staunen, zu verstehen – ohne sich dabei auf etwas Höheres zu berufen. Und er ist fähig, Sinn zu empfinden – nicht, weil er ihn erklärt bekommt, sondern weil er ihn spürt. Diese Fähigkeiten sind nicht religiös. Sie sind menschlich. Und wenn wir sie ernst nehmen, brauchen wir keine Transzendenz mehr, um tief zu sein. Wir sind es – wenn wir aufhören, es woanders zu suchen. Vielleicht war Gott nie weit weg. Vielleicht war er nie da. Vielleicht ist es auch gleich. Denn was bleibt, ist die Erfahrung: Ich bin da. Und das genügt. Für Tiefe. Für Sinn. Für Leben.

Notizen:

Notizen:

Kapitel 12: Die Religion des Egos

Wie wir heute Gott ersetzen – durch uns selbst.

Es war ein leiser Übergang. Kein revolutionärer Bruch, kein öffentlicher Akt der Lossagung. Eher ein seelisches Umkippen in ein anderes Zentrum. Wo früher ein göttlicher Blick uns bestimmte, lenkt heute ein inneres Bild unser Streben – nicht weniger absolut, nicht weniger bestimmend. Der moderne Mensch hat sich von Gott entfernt, aber nicht von der Sehnsucht, gesehen zu werden. Was sich verändert hat, ist nicht das Bedürfnis nach Bedeutung – sondern der Ort, an dem sie bestätigt wird. Das neue Heiligtum ist das Selbst. Nicht das wahre Selbst, sondern das Ego, das ständig bezeugt werden will. Diese neue Religion kennt keine Dogmen im klassischen Sinne, aber sie ist nicht weniger rigide. Ihr Altar ist das Sichtbare. Ihr Ritual das Vergleichen. Ihre Liturgie das Inszenieren.

Das Ego tritt an die Stelle Gottes – nicht aus Hochmut, sondern aus Mangel. Der Mangel an Beziehung, an Bindung, an einer Welt, die uns trägt. In diesem Vakuum tritt das Ich hervor, nicht als inneres Wesen, sondern als Projektionsfläche. Es ruft: Ich bin hier – seht mich. Und in diesem Ruf liegt dieselbe Inbrunst, dieselbe Ergriffenheit, dieselbe Bedürftigkeit, die früher in Gebeten lag. Doch dieses neue Glaubenssystem ist innerlich leer. Es glaubt nicht an etwas Grösseres – es glaubt an das eigene Bild. Und dieses Bild verlangt ständige Pflege. Denn wer sich selbst zum Zentrum macht, muss auch selbst die Bedeutung liefern. Keine Gnade, kein Trost, kein göttlicher Wille kann helfen, wenn das eigene Ego zerbricht. Und weil es zerbrechlich ist, muss es ständig neu gestützt, gefüttert, gefeiert werden. Der Mensch wird so zum eigenen Gott – aber auch zum eigenen Gläubigen, Priester und Opfer. Der Rückzug der

Religion hinterliess keine Leere – sondern eine Einladung. Eine Einladung, neu zu fragen: Wer bin ich? Wofür lebe ich? Was trägt mich, wenn niemand mehr sagt, was richtig ist? Doch statt nach innen zu hören, wurde oft nach aussen projiziert. In einer Welt, die Leistung belohnt, Sichtbarkeit mit Wert verwechselt und Selbstoptimierung zur Tugend erhebt, wurde das Ich zum Mittelpunkt.

Nicht als Ausdruck innerer Reife, sondern als Flucht vor innerer Leere. Diese Flucht ist verständlich. In einer Welt ohne göttliche Ordnung wird das Ego zum letzten Ort, an dem Kontrolle möglich scheint. Doch diese Kontrolle ist trügerisch. Denn das Ego ist kein stabiler Kern, sondern eine Konstruktion. Es lebt vom Urteil der anderen. Und je mehr es gesehen werden will, desto abhängiger wird es. Die einstige Bindung an einen Gott, der alles sieht, wird ersetzt durch die Bindung an eine Welt, die nie genug sieht. Der Blick des Himmels weicht dem endlosen Blick des Marktes, der Plattform, der Öffentlichkeit. Und doch ist der Preis derselbe: das Selbst ist nicht frei. Es dient. Nicht mehr dem Glauben, sondern dem Bild. Nicht mehr der Erlösung, sondern der Anerkennung. Und so wird der Mensch zum Missionar seiner selbst – permanent dabei, sich zu rechtfertigen, zu zeigen, zu verbessern. Der neue Himmel ist das Ich – aber er ist eng, flach, ermüdend. Denn er verzeiht nichts.

Und er schenkt nichts. Alles muss erworben, erarbeitet, erkämpft werden – auch der eigene Wert. Diese neue Religion ist subtil. Sie tarnt sich als Freiheit, als Individualität, als Selbstbestimmung. Doch sie ist tief verwoben mit Abhängigkeit. Der Mensch, der sich selbst zur höchsten Instanz erklärt, glaubt nicht weniger als früher – er glaubt nur anders. Er glaubt an das Machbare, an das Machen-Müssen, an die ständige Verbesserung. Und unter diesem Glauben leidet er – nicht sichtbar, nicht laut, aber tief. Denn das Ich, das alles tragen soll, kann nicht tragen. Es ist zu klein, um die grosse

Sehnsucht nach Bedeutung zu fassen. Zu wechselhaft, um als letzte Instanz zu gelten. Zu verletzlich, um Trost zu spenden. Was früher Gott versprach – bedingungslose Liebe, Vergebung, Zugehörigkeit – wird heute ins Ich projiziert. Doch das Ich kann das nicht leisten.

Es liebt nicht bedingungslos, es vergibt nicht ohne Preis, es kennt Zugehörigkeit nur als temporären Status. In dieser Überforderung liegt die neue Krise. Nicht der Verlust der Religion, sondern die Überlastung des Individuums. Es muss sein eigener Richter sein, sein eigener Retter, sein eigener Sinngeber. Und es ist müde. Müde vom Dauerbeweis der eigenen Bedeutung. Diese Müdigkeit zeigt sich in Erschöpfung, in Überreiztheit, in der Angst, nicht zu genügen. Der Mensch hat nicht zu viel Freiheit – er hat zu wenig Halt. Nicht zu wenig Glauben – sondern zu wenig Vertrauen. Und weil er niemandem mehr traut, bleibt nur das Ich. Und dieses Ich wird zur einzigen Bühne, auf der alles gespielt werden muss. Ohne Unterbrechung, ohne Gnade, ohne Ausstieg. Doch das Ego ist kein Feind.

Es ist ein Teil des Selbst – notwendig, verletzlich, formbar. Gefährlich wird es nur dann, wenn es vergöttert wird. Wenn es nicht mehr Mittel ist, sondern Ziel. Wenn aus einem Werkzeug der Selbstorientierung ein Kultobjekt wird. Dann verwandelt sich das Leben in ein Schauspiel, das nicht mehr nach innen fragt, sondern nach aussen sendet. Dann wird Tiefe ersetzt durch Inszenierung, Stille durch Reaktion, Wesen durch Wirkung. Der moderne Mensch lebt oft nicht, um zu leben – sondern um gesehen zu werden.

Diese Bewegung ist nicht banal – sie ist psychologisch tief. Denn gesehen zu werden bedeutet: zu existieren. Und wer glaubt, dass er nur dann existiert, wenn er wahrgenommen wird, verliert die Verbindung zu sich selbst. Er lebt dann im Echo, nicht in der Stimme. In der Reaktion, nicht im Ursprung. Und so ersetzt er die

Transzendenz durch Performance – und merkt nicht, dass er sich selbst dabei entzieht. Die Religion des Egos ist nicht nur Ausdruck des Zeitgeists – sie ist ein seelisches Symptom. Ein Versuch, in einer Welt ohne metaphysische Ordnung das eigene Dasein zu sichern.

Doch was sie erzeugt, ist nicht Sicherheit, sondern Erschöpfung. Nicht Tiefe, sondern Oberfläche. Nicht Freiheit, sondern Selbstzwang. Und vielleicht ist genau hier die Frage zu stellen, die früher an den Himmel gerichtet war: Wer bin ich – wenn niemand zusieht? Vielleicht braucht es keine Rückkehr zu Gott, sondern eine Rückkehr zur inneren Stille. Eine Entlassung des Ichs aus seiner Allmacht. Ein Erlauben von Unvollkommenheit, von Zweifel, von Nichtwissen. In dieser Entlastung könnte eine neue Form von Spiritualität entstehen – nicht jenseits des Ichs, sondern durchlässig für mehr als das Ich. Eine Präsenz, die nicht überzeugt, nicht performt, nicht beweist. Sondern einfach ist. Fragend, lauschend, offen. Dann wird das Ich nicht abgeschafft – aber es wird durchlässig.

Nicht mehr Zentrum, sondern Teilnehmer. Nicht mehr Gott-Ersatz, sondern Ausdruck eines grösseren Zusammenhangs, der keiner Erklärung bedarf. Dann beginnt eine Bewegung weg vom Kult um das Selbst – hin zu einer neuen Form von Beziehung. Beziehung zur Welt, zu anderen, zur Tiefe, die nicht benannt werden muss, um wirksam zu sein. Der Mensch muss sich nicht selbst vergöttern, um Bedeutung zu spüren. Vielleicht reicht es, sich selbst zu bewohnen – mit allen Brüchen, Schwächen, Unvollständigkeiten. Vielleicht ist das der neue Ort des Heiligen: nicht über dem Ich, nicht ausserhalb – sondern genau dort, wo das Ich aufhört, sich selbst zu genügen, und beginnt, sich selbst zu fühlen. Nicht als Lösung – sondern als Frage. Und vielleicht ist diese Frage die ehrlichste Form von Glauben, die wir noch brauchen.

Notizen:

Kapitel 13: Spiritualität als Selbstoptimierung

Warum moderne Esoterik oft dasselbe leistet wie alte Dogmen.

Es beginnt oft harmlos. Ein Meditationskurs hier, ein Retreat da. Ein neues Buch über Achtsamkeit, ein Post über Frequenzen, Chakren, Bewusstseinserweiterung. Alles klingt offen, sanft, wohltuend – als wollte die Welt nur, dass man zu sich kommt. Und wer heute auf der Suche nach Sinn ist, trifft nicht zuerst auf Religion, sondern auf Spiritualität. Sie ist flexibler, unverbindlicher, moderner. Sie verspricht Tiefe ohne Zwang, Wachstum ohne Schuld, Erkenntnis ohne Dogma. Und doch: Wer genauer hinsieht, erkennt vertraute Muster. Neue Sprache – alte Strukturen. Denn auch die moderne Spiritualität fordert Unterwerfung – nur dass sie es lächelnd tut. Sie verlangt nicht mehr, dass man gehorcht, sondern dass man sich optimiert. Nicht mehr, dass man Busse tut – sondern dass man an sich arbeitet. Der alte Gott hat Platz gemacht für das neue Selbst. Doch die Dynamik ist dieselbe: Ein Ideal wird entworfen, ein Zustand, der erreicht werden muss, ein innerer Massstab, der ständig droht, verfehlt zu werden. Und das Heilige ist nicht mehr jenseits – sondern in uns selbst. Aber es ist nicht näher.

Es ist nur fordernder geworden. Diese Spiritualität ist nicht frei. Sie ist durchzogen von Konzepten, die weniger dem Menschsein dienen als einer subtilen Pflicht zur Verbesserung. Wer nicht gelassen ist, hat noch nicht genug losgelassen. Wer zweifelt, hat sich nicht geöffnet. Wer leidet, hat seine Energie nicht gereinigt. Das Resultat: Eine stille Normierung des Inneren. Nicht durch Verbot, sondern durch Versprechen. Nicht durch Strafe, sondern durch subtile Ausgrenzung. Du bist nur ganz, wenn du dich entwickelst. Nur würdig, wenn du wächst. Nur spirituell, wenn du heilst. In alten

Religionen war der Mensch ein Sünder, der auf Erlösung hoffte. In der neuen Spiritualität ist er ein Mangelwesen, das auf Ganzheit zusteuert. Der Unterschied ist sprachlich, nicht strukturell. Auch hier gibt es einen Idealzustand – er heisst nicht mehr Himmel, sondern Bewusstseinserweiterung. Er ist nicht mehr göttlich, sondern innerlich – aber nicht weniger unerreichbar. Auch hier gibt es einen Weg – nicht mehr über Gehorsam, sondern über Transformation.

Und auch hier gibt es die leise Botschaft: Du bist noch nicht gut genug. Diese Ideologie der Verbesserung tarnt sich als Selbstliebe. Doch sie ist oft nur ein neues Kleid für alte Mechanismen der Anpassung. Wer sich wirklich liebt, muss sich nicht ständig optimieren. Wer bei sich ist, muss sich nicht permanent transformieren. Doch in vielen spirituellen Kontexten herrscht eine Betriebsamkeit des Inneren – als wäre Stille nur dann erlaubt, wenn sie produktiv ist. Als wäre Meditation ein Werkzeug zur Effizienz. Als wäre die Seele ein Projekt, das endlich fertig werden muss. Was hier entsteht, ist kein Raum für Tiefe, sondern ein Markt für Innerlichkeit. Eine Ökonomie der Erleuchtung. Wer genug kauft, genug reist, genug praktiziert, wird vielleicht irgendwann ankommen. Nur dass das Ankommen nie kommt – weil das System kein Ende kennt.

Es lebt von der Idee des Noch-nicht. Und in dieser Idee liegt seine Macht. Denn wer noch nicht ganz ist, bleibt abhängig – nicht von Gott, sondern von einem Ideal, das niemand entworfen hat, aber alle still verinnerlichen. Die moderne Esoterik gibt sich oft antiautoritär. Doch sie ist alles andere als frei. Sie ersetzt die Autorität der Institution durch die Autorität des Gefühls – was zunächst harmlos klingt, aber trügerisch ist. Denn Gefühle können trügen, Suggestionen wirken, Gruppendynamiken formen Überzeugungen, die nichts mit Erkenntnis zu tun haben. Der Glaube an „meine Wahrheit" wird zum absoluten Massstab. Doch wenn jeder seine eigene

Wahrheit lebt, ohne sie zu prüfen, entsteht keine Freiheit – sondern ein Markt der Egos, in dem die Stärksten ihre Deutung als Heilung verkaufen. Und wieder steht der Mensch allein mit seiner Unsicherheit. Nur dass er diesmal nicht vor dem Richterstuhl Gottes zittert, sondern im Spiegel des Selbst zweifelt. Habe ich richtig manifestiert? Bin ich in der richtigen Frequenz? Ist mein Inneres schon rein genug, um das zu empfangen, was ich verdiene? All das sind keine theologischen Fragen – aber sie wirken wie Gebete.

Nur dass niemand mehr antwortet. Und das Schweigen des Universums wird als Fehler des Subjekts gedeutet: Du bist noch nicht so weit. Diese Form von Spiritualität ist nicht weich – sie ist subtil autoritär. Sie kennt keine Dogmen – aber sie kennt Codes. Keine Schuld – aber Zustände von Blockade. Keine Strafen – aber energetische Konsequenzen. Der Mensch ist nicht mehr Kind Gottes – aber er ist auch nicht frei. Er ist allein mit seinem Heilungspfad, mit seiner Transformation, mit seiner Verantwortung, alles in sich zu richten. Die neue Religion ist innerlich. Aber sie ist nicht innerlich frei. Es gibt einen Unterschied zwischen Tiefe und Konzept.

Tiefe entsteht in der Begegnung mit dem Unverfügbaren. Mit dem, was nicht erklärbar, nicht steuerbar, nicht planbar ist. Tiefe ist, wenn der Mensch sich selbst verliert – nicht weil er sich bessert, sondern weil er sich öffnet. Nicht weil er etwas erreichen will, sondern weil er da ist. Spirituelle Tiefe braucht keine Ziele. Sie braucht nur Präsenz. Und doch ist gerade diese Präsenz in vielen neuen spirituellen Kontexten das, was fehlt. Denn wer ständig an sich arbeitet, ist nie wirklich da. Wer immer auf dem Weg ist, kann nicht ankommen. Und wer sich selbst als ewiges Projekt begreift, wird sich nie als Wesen erleben, das einfach sein darf. Die neue Spiritualität ersetzt das Sein durch das Werden. Nicht aus Bosheit – sondern aus Angst. Angst, stehen zu bleiben. Angst, nicht gut zu sein. Angst, im Innersten doch nicht genug zu sein. Und so wird Wachstum zur Pflicht. Und Stille zur Leistung. Diese Mechanik ist nicht spirituell – sie ist marktförmig. Sie funktioniert nach denselben Prinzipien wie jedes System der Optimierung: Vergleich, Zielsetzung, Kontrolle.

Nur dass es hier nicht um Geld oder Macht geht, sondern um Bewusstsein. Und gerade deshalb ist sie so schwer zu erkennen. Denn wer den Weg zur Befreiung beschreitet, merkt oft nicht, dass er sich dabei neu bindet – an Ideale, an Sprache, an innere Bilder, die kaum hinterfragt werden dürfen, ohne als „unbewusst" zu gelten. Vielleicht braucht der Mensch keine neue Religion. Vielleicht braucht er nur einen Raum. Einen Raum, in dem er nichts werden muss. In dem nichts optimiert, nichts verbessert, nichts transformiert werden muss. Einen Ort, an dem Tiefe geschieht, nicht weil man sie plant, sondern weil man sie zulässt. Diese Tiefe ist kein Produkt. Sie ist ein Zustand. Kein Ziel – sondern ein Geschenk. Und sie zeigt sich nicht im perfekten Ich – sondern im durchlässigen Selbst, das nicht mehr beweisen muss, dass es bereit ist. Spiritualität ohne Dogma ist möglich – aber nur, wenn sie sich von der Logik der Verbesserung löst. Nur wenn sie den Mut hat, zu lassen, statt zu führen. Nur wenn sie den Menschen als Ganzes sieht – nicht als unfertiges Projekt. Vielleicht ist das die eigentliche Reife: nicht mehr höher, besser, weiter streben zu müssen. Sondern still zu werden.

Zu verweilen. Und das eigene Dasein nicht mehr als Baustelle zu betrachten – sondern als Boden, auf dem Leben wächst. Wenn Gott uns nicht mehr braucht, dann vielleicht deshalb, weil wir aufhören dürfen, jemand anderes sein zu wollen. Nicht göttlicher. Nicht bewusster. Nicht heiliger. Sondern einfach: lebendig. Und vielleicht ist das die spirituellste Haltung, die es gibt.

Notizen:

Kapitel 14: Die Abwesenheit als Präsenz

Warum ein Gott, der fehlt, eine tiefere Wahrheit offenbaren kann.

Es gibt Erfahrungen, die nicht durch ihr Vorhandensein, sondern durch ihre Abwesenheit Bedeutung gewinnen. Die Stille nach einem Streit, das leere Zimmer nach einem Tod, das Schweigen eines geliebten Menschen, der nicht mehr antwortet. In all diesen Momenten geschieht etwas, das sich der Sprache entzieht. Etwas wird spürbar, das nicht da ist – und gerade dadurch umso realer erscheint. Die Abwesenheit drängt sich auf, nicht als Mangel, sondern als Form. Nicht als Fehler, sondern als Spiegel. So kann auch Gott fehlen – und doch gegenwärtig sein. Diese Vorstellung ist vielen fremd. Sie haben gelernt, dass das Heilige sich durch Präsenz zeigt – durch Zeichen, Wunder, Erfahrungen. Doch was, wenn das Eigentliche sich nicht durch das Zeigen, sondern durch das Entziehen zeigt? Wenn die höchste Form der Gegenwart nicht darin liegt, dass etwas kommt, sondern dass etwas ausbleibt?

Dann wird die Leerstelle zur Botschaft. Und das, was nicht mehr spricht, spricht am lautesten. Ein Gott, der fehlt, ist nicht notwendigerweise ein verlorener Gott. Vielleicht ist er ein Gott, der nicht mehr gebraucht werden will. Oder einer, der Platz macht – nicht aus Kälte, sondern aus Vertrauen. Seine Abwesenheit könnte dann eine Einladung sein: zu reifen, zu fragen, zu stehen. Nicht als Prüfung, nicht als Entzug – sondern als Erlaubnis. Die Abwesenheit als Form von Präsenz – das ist keine theologische Idee. Es ist eine psychologische Erfahrung. Viele Menschen erleben irgendwann eine Phase, in der sie das, woran sie einst glaubten, nicht mehr spüren. Es ist, als hätte sich etwas zurückgezogen. Nicht dramatisch, nicht feindlich – einfach nicht mehr da. Gebete verhallen, Rituale greifen nicht, die vertraute Nähe ist verschwunden. Diese Erfahrung wird oft als Verlust empfunden, als spirituelle Krise. Doch vielleicht ist sie nicht das Ende – sondern der Anfang von etwas, das tiefer reicht als Gewissheit: die Begegnung mit sich selbst, ohne Vermittlung.

Denn solange Gott spricht, kann man sich hinter seiner Stimme verbergen. Solange es Zeichen gibt, muss man nicht hören, was in einem selbst ruft. Aber wenn das Äussere schweigt, wird das Innere hörbar. Dann gibt es keine Instanz mehr, die deutet, führt, erklärt. Dann beginnt der Mensch, selbst zu sehen. Selbst zu empfinden. Selbst zu tragen. Diese Bewegung ist schwer – aber heilsam. Denn sie beendet die Abhängigkeit. Nicht durch Bruch – sondern durch Aufrichtung. Die Leere, die entsteht, ist nicht leer. Sie ist offen. Offen für ein neues Verhältnis zum Leben, zum Selbst, zur Welt. Sie verlangt nichts – aber sie duldet auch keine Flucht. Sie ist wie eine weite Fläche, auf der niemand wartet. Und gerade deshalb beginnt dort die Freiheit. Nicht als Gefühl – sondern als Wirklichkeit. Eine Wirklichkeit, die nicht mehr abgesichert ist. Aber auch nicht mehr gebunden. Es ist ein Paradox: Erst wenn Gott fehlt, zeigt sich, was der Mensch geglaubt hat. War es wirklich Vertrauen – oder nur Bedürfnis? War es Beziehung – oder Versorgung? War es Liebe – oder Angst vor Verlassenheit? Die Abwesenheit des Göttlichen legt offen, was verborgen war. Sie entblösst die Dynamiken, die sich im Glauben eingeschlichen haben: das Flehen, das Verhandeln, das Hoffen auf Belohnung. Und sie konfrontiert uns mit einer Frage, die kein Gebet ersetzen kann: Bin ich noch da, wenn er es nicht ist? Diese Frage ist keine Falle. Sie ist ein Geschenk.

Denn sie führt dorthin, wo Autonomie entsteht. Nicht im Sinne von Unabhängigkeit – sondern im Sinne von Durchlässigkeit. Wer die Abwesenheit nicht bekämpft, sondern betritt, entdeckt, dass dort keine Leere wartet, sondern Tiefe. Kein Verlust – sondern ein

Raum. Und in diesem Raum beginnt etwas, das kein Glaubenssatz vermitteln kann: eine innere Präsenz, die nicht benannt, nicht fixiert, nicht externalisiert werden muss. Vielleicht ist das der tiefste Punkt jeder spirituellen Entwicklung: der Moment, in dem man nicht mehr weiss – aber dennoch geht. Nicht mehr sicher ist – aber dennoch bleibt. Nicht mehr geführt wird – aber dennoch aufrecht steht. Und vielleicht ist gerade das der Sinn der Abwesenheit: den Menschen dorthin zu führen, wo kein Gott mehr nötig ist, um ganz zu sein. Wer in die Abwesenheit tritt, begegnet nicht dem Nichts – sondern sich selbst. Und dieses Selbst ist nicht nur ein Ersatz für das Göttliche. Es ist ein Spiegel dessen, was immer schon in uns war: die Fähigkeit, zu tragen. Zu fühlen. Zu entscheiden. Diese Fähigkeit war durch Glaubenssysteme oft überdeckt – nicht aus Böswilligkeit, sondern aus Fürsorge. Doch jede Fürsorge wird zur Einschränkung, wenn sie nicht zurücktritt. Die Rücknahme Gottes ist kein Verrat. Sie ist ein Akt des Vertrauens. Wie ein Elternteil, das loslässt, wenn das Kind selbst gehen kann. Es ist keine Entwertung – sondern eine Form der Anerkennung: Du kannst. Du darfst.

Du musst nicht mehr glauben – du darfst erleben. Nicht im Namen von etwas Höherem – sondern im Namen deiner eigenen Tiefe. Diese Tiefe braucht keine Bilder. Keine Namen. Keine Beweise. Sie ist. Sie zeigt sich nicht durch Dogmen, sondern durch Empfänglichkeit. Und sie spricht nicht von aussen – sondern entsteht durch Nähe. Nähe zu sich selbst, zur Welt, zum Schmerz, zur Freude. Das Leben selbst wird zur Transzendenz – nicht als Konzept, sondern als Präsenz. Nicht als Idee – sondern als Erfahrung. Am Ende bleibt nicht die Leere – sondern die Wandlung. Wer gelernt hat, mit dem Fehlen zu leben, lebt anders. Nicht distanzierter – sondern durchlässiger. Nicht kälter – sondern klarer. Es entsteht eine Spiritualität ohne Objekt, eine Tiefe ohne Figur, eine Gegenwart ohne

Geschichte. Sie braucht keine Begründung. Sie genügt sich. Nicht aus Arroganz – sondern aus Bewusstsein. Ein Gott, der fehlt, kann tiefer wirken als einer, der spricht. Weil er nicht mehr führt, sondern Freiheit lässt. Weil er nicht mehr belohnt, sondern Vertrauen schenkt. Weil er nicht mehr schützt – sondern einlädt, sich selbst zu schützen. In dieser neuen Form liegt keine Gotteslästerung – sondern eine radikale Form der Reifung. Der Mensch steht da, wo früher Gott stand – nicht als Ersatz, sondern als Erkenntnis: Ich bin.

Und das reicht. Vielleicht war Gott nie da, um angebetet zu werden. Vielleicht war seine Abwesenheit die Botschaft. Vielleicht war die Stille seine tiefste Sprache. Und vielleicht beginnt dort, wo nichts mehr gesagt wird, endlich das Hören.

Notizen:

Notizen:

Kapitel 15: Kollektive Trance

Über Rituale, Gruppenpsychologie und die Macht des Symbols.

Es gibt Momente, in denen Menschen aufhören, Individuen zu sein. Wenn sie gemeinsam singen, schweigen, jubeln oder knien – dann geschieht etwas, das sich weder auflösen noch vollständig analysieren lässt. Eine kollektive Trance beginnt. Kein künstlicher Zustand, sondern ein reales psychisches Phänomen. Die Grenze zwischen Innen und Aussen verschwimmt. Das eigene Selbst weicht zurück, und etwas Grösseres übernimmt – nicht weil es von aussen kommt, sondern weil es im Innern aller gleichzeitig erwacht. In diesem Moment wird Gemeinschaft nicht gedacht, sondern gespürt.

Das Ritual ist das Tor zu dieser Erfahrung. Es strukturiert, rahmt, bereitet vor. Nicht durch Inhalt, sondern durch Wiederholung, durch Form, durch Symbol. Und das Symbol ist keine Dekoration – es ist Verdichtung. In ihm konzentriert sich Bedeutung, jenseits des Rationalen. Der Mensch braucht solche Verdichtungen. Nicht, weil er naiv ist, sondern weil das psychische Erleben Tiefe verlangt. Und Tiefe entsteht nicht durch Erklärungen, sondern durch Resonanz. Ein Symbol, das wirkt, ist wie ein Spiegel, der mehr zeigt als nur das Gesicht. Es zeigt das, was der Einzelne in der Gruppe wird: Teil eines grösseren Musters. Religionen haben diese Dynamik immer genutzt – nicht aus Manipulation, sondern aus Intuition.

Sie wussten, was die Psychologie erst später zu formulieren lernte: dass der Mensch im Symbolischen Heimat findet. Doch diese Heimat hat einen Preis. Denn wer sich dem Ritual öffnet, öffnet sich nicht nur für Verbundenheit – sondern auch für Steuerung. Das Kollektive kann wärmen – aber auch lenken. Es kann Halt geben – oder

Halt ersetzen. Und darin liegt seine doppelte Kraft: Es befreit das Ich vom Alleinsein – und macht es zugleich formbar. Was in der Kirche als Messe, in der Politik als Grosskundgebung, in der Esoterik als Kreisritual geschieht, folgt denselben Mechanismen.

Ein Raum wird markiert, eine Zeit gesetzt, ein Ablauf eingehalten. In diesem Rahmen verändert sich das Erleben. Nicht weil jemand befiehlt, sondern weil sich etwas im Inneren ordnet. Die Fremde wird bekannt, die Unsicherheit weicht der Gewissheit des Geteilten. Das Symbol übernimmt – nicht als Glaube, sondern als Struktur. Der Mensch fühlt sich geführt, nicht durch Argumente, sondern durch Rhythmus. Diese Form von Trance ist nicht pathologisch. Sie gehört zum Menschsein. Der Organismus selbst verlangt nach rhythmischer Ordnung. Atmung, Herzschlag, Sprache – alles folgt Mustern. Das Kollektiv intensiviert diese Muster. Es verstärkt sie, spiegelt sie, lädt sie auf. In der kollektiven Bewegung erfährt der Einzelne sich selbst als Teil eines lebenden Systems.

Das Ich verliert sich nicht – es wird umschlossen. Und in dieser Umhüllung entsteht das, was viele für das Heilige halten: das Gefühl, nicht mehr allein zu sein. Doch diese Geborgenheit ist ambivalent. Denn sie kann kippen. Was als Verbindung beginnt, kann zur Auslöschung werden. Die Trance, die öffnet, kann auch verschliessen. Wenn die Gruppe zu eng wird, wenn das Symbol zur einzigen Wahrheit wird, wenn das Ritual zur Pflicht erstarrt, dann wird aus Lebendigkeit Kontrolle. Und aus Resonanz wird Gehorsam. Die Psychologie kennt diesen Prozess als Gruppendynamik, als Regression, als kollektive Identitätsverschmelzung. Religionen nennen es manchmal Hingabe. Doch der Übergang ist fliessend – und gefährlich. Jede Ideologie, die Bestand haben will, braucht Rituale. Nicht um Inhalte zu transportieren – sondern um Identität zu schaffen. Denn Überzeugungen allein binden nicht. Was bindet, ist das Erleben von

Zugehörigkeit. Und dieses Erleben entsteht nicht im Kopf – sondern im Körper, im Rhythmus, im Blickkontakt, im kollektiven Handeln.

Die Idee wird erst dann mächtig, wenn sie getanzt, gesungen, geschwiegen wird. Worte allein reichen nicht – sie brauchen ein symbolisches Echo, das tiefer reicht als der Verstand. Auch moderne Bewegungen nutzen diese Logik. Demonstrationen, Hashtags, Gesten, Symbole – sie schaffen Identifikation. Nicht durch Diskurs, sondern durch Wiederholung. Nicht durch Differenzierung, sondern durch Verdichtung. Das Bild ersetzt das Argument. Die Geste ersetzt den Dialog. Und der Mensch – ob religiös, politisch oder spirituell – wird wieder Teil eines grösseren Ganzen. Ob dieses Ganze ihm gut tut, hängt davon ab, ob es ihm Raum lässt. Oder ihn verschluckt. Denn dort, wo das Symbol übermächtig wird, beginnt die Gefahr. Wenn das Kreuz nicht mehr öffnet, sondern ausgrenzt. Wenn der Kreis nicht mehr heilt, sondern verpflichtet. Wenn das Ritual nicht mehr führt, sondern bindet. Dann ist das Heilige zum Korsett geworden. Und die kollektive Trance wird zum kollektiven Schlaf. Ein Schlaf, aus dem nur erwacht, wer den Mut hat, das Symbol zu hinterfragen – ohne es zu zerstören. Wer erkennt, dass auch das stärkste Bild nur eine Form ist – und nie die ganze Wirklichkeit.

Es ist ein Irrtum zu glauben, man könne ohne Symbole leben. Der Mensch denkt in Bildern, fühlt in Zeichen, erinnert in Formen. Selbst die Abwesenheit von Symbolik wird zur Symbolik. Wer alles loslässt, wird selbst zum Zeichen. Wer sich jeder Gemeinschaft entzieht, formt eine neue. Der Mensch ist nicht frei vom Ritual – er kann nur bewusster damit umgehen. Nicht, indem er es vermeidet, sondern indem er es durchschaut. Nicht, indem er sich abwendet, sondern indem er unterscheidet: Was stärkt mich? Was nimmt mich mir? In dieser Unterscheidung liegt der Schlüssel zu einer reifen Spiritualität. Einer Form des Glaubens – oder besser: der inneren Haltung –, die das Kollektive anerkennt, ohne sich ihm auszuliefern. Die Rituale nutzt, aber nicht zu Götzen erhebt. Die Symbole ehrt, aber nicht verabsolutiert. Es ist eine Haltung, die weiss, wie leicht der Mensch in den Sog des Gemeinsamen gerät – und gerade deshalb wach bleibt. Wach für den Punkt, an dem Verbindung zur Verschmelzung wird. Und Verschmelzung zur Unfreiheit.

Denn Freiheit beginnt dort, wo man das eigene Erleben nicht mehr aus der Hand gibt. Wo man spürt, was ein Symbol in einem auslöst – und entscheidet, ob man diesem Impuls folgt. Nicht alles, was sich gut anfühlt, ist heilend. Nicht alles, was gemeinsam getan wird, ist wahr. Das Kollektiv täuscht oft Tiefe vor, wo nur Wiederholung ist. Und wo alle dasselbe fühlen, ist nicht unbedingt Wahrheit – sondern vielleicht nur ein gut inszenierter Moment. Vielleicht liegt die Zukunft des Religiösen – oder besser: des existenziell Wahren – nicht im Verzicht auf Rituale, sondern in ihrer bewussten Form.

Rituale, die nicht binden, sondern öffnen. Symbole, die nicht fixieren, sondern bewegen. Gruppen, die nicht verschmelzen, sondern spiegeln. Eine kollektive Trance, die den Einzelnen nicht auslöscht, sondern vertieft. Eine Form des Zusammenseins, die nicht auf Gleichheit zielt, sondern auf Resonanz. Denn der Mensch bleibt ein soziales Wesen. Er sucht Spiegelung, Echo, Verbindung. Aber diese Verbindung darf nicht den Preis der inneren Selbstverantwortung fordern. Wo Spiritualität kollektiv wird, ohne die Autonomie des Einzelnen zu wahren, wird sie gefährlich. Sie wird zur Form der Flucht – und nicht zur Einladung in die Tiefe. Wenn Gott uns nicht mehr braucht, dann vielleicht deshalb, weil wir einander brauchen – aber auf eine Weise, die reif ist. Nicht blind, nicht euphorisch, nicht ausgeliefert. Sondern wach. In der Trance, ja – aber nicht im Schlaf. In der Gemeinschaft – aber nicht in der Aufgabe des Selbst. In der Kraft des Symbols – aber nicht in seiner Vergötzung.

Notizen:

Kapitel 16: Die Logik des Glaubens

Wie der Verstand an seine Grenzen geführt wird.

Der Verstand will verstehen. Das ist seine Natur, sein innerer Trieb, sein Antrieb. Er will Muster erkennen, Ursachen benennen, Folgen ableiten. Er ordnet die Welt, weil sie sonst zu gross wäre. Er klärt, wo das Leben flackert, und beruhigt, wo die Erfahrung brennt. Doch gerade dort, wo der Mensch existenziell berührt wird – im Verlust, in der Liebe, im Tod – beginnt ein Riss in diesem System. Der Verstand schaut auf sich selbst und erkennt, dass er nicht alles greifen kann, was ihn bewegt. Und an diesem Punkt beginnt der Glaube. Nicht der naive Glaube, der alles schluckt, was man ihm vorsetzt. Sondern ein Glaube, der nicht gegen den Verstand steht, sondern dort einsetzt, wo er endet. Ein Übergang, kein Bruch. Kein Feind des Denkens, sondern seine Weiterführung. Der Glaube in diesem Sinne ist kein Inhalt, sondern eine Haltung. Eine innere Bewegung jenseits der Beweise. Nicht, weil Beweise nicht zählen – sondern weil manche Erfahrungen keinen Beweis brauchen.

Oder keinen bieten. Es ist eine paradoxe Situation: Der Mensch denkt sich an die Grenze seiner Fähigkeit zu denken. Und in dieser Grenzerfahrung entsteht etwas, das nicht gedacht, sondern gehalten wird. Etwas, das nicht verstanden, aber dennoch wahrgenommen wird. Dieses Etwas nennen manche Gott. Andere nennen es Vertrauen. Wieder andere nennen es einfach Leben. In jedem Fall ist es etwas, das sich nicht logisch erzwingen lässt – aber dennoch in uns arbeitet. Eine tiefe Unruhe, die nicht aufgelöst, sondern ausgehalten werden will. Viele versuchen, das Heilige durch Logik zu zähmen. Sie entwerfen Argumente für oder gegen die Existenz Gottes, formulieren Theoreme, ziehen Analogien. Sie bemühen die

Wissenschaft, um den Glauben zu stützen – oder zu entkräften. Doch beides führt ins Leere. Nicht weil der Verstand untauglich wäre – sondern weil er auf einem Feld agiert, das ihm nicht gehört.

Der Glaube ist kein Gegenstand der Vernunft – er ist eine Form des Erlebens. Und Erleben lässt sich nicht beweisen. Nur durchdringen. Das Bedürfnis nach logischer Kohärenz im Glauben entspringt einem tiefen Wunsch: dem Wunsch nach Sicherheit. Der Mensch möchte nicht nur glauben – er möchte wissen, dass er recht hat. Doch dieses Wissen entzieht sich. Denn ein Glaube, der sich beweisen liesse, wäre keiner mehr. Er wäre nur eine Theorie. Und eine Theorie trägt nicht durch die Nacht. Sie erklärt, aber sie begleitet nicht. Sie strukturiert – aber sie wärmt nicht. Deshalb zerbrechen so viele an ihrem Glauben, wenn er sich nicht mehr logisch erklären lässt. Sie haben ihn auf einem Gerüst gebaut, das nur so lange trägt, wie die Welt verständlich bleibt. Doch wenn das Leben bricht – wenn Verlust, Krankheit, Sinnleere überhandnehmen – dann reicht die Logik nicht mehr. Dann zählt nur noch, was innerlich trägt. Und das ist selten ein Dogma. Es ist meist ein Gefühl. Eine Ahnung. Ein inneres Wissen, das sich jeder Begründung entzieht – aber dennoch da ist. Diese Art des Glaubens ist nicht irrational – sie ist transrational. Sie schliesst den Verstand nicht aus, sondern übersteigt ihn. Nicht, indem sie ihn leugnet – sondern indem sie ihn relativiert. Der Verstand wird zu einem Werkzeug unter vielen, nicht mehr zum Herrscher. Und das erfordert eine neue Demut. Eine Haltung, die sagen kann: Ich weiss, dass ich nicht alles wissen kann.

Und ich glaube – nicht, weil ich Beweise habe, sondern weil ich spüre, dass da etwas ist, was grösser ist als meine Fragen. In dieser Haltung liegt Kraft. Denn sie erlaubt es, Widersprüche zu halten, ohne sie sofort aufzulösen. Sie gestattet, inmitten der Unsicherheit zu stehen – ohne zu kapitulieren. Es ist ein Glaube, der nicht auf Antworten besteht, sondern auf Präsenz. Der nicht erlöst, sondern durchträgt. Nicht um zu siegen – sondern um zu leben. Und Leben ist selten eindeutig. Es ist mehrdeutig, fragmentarisch, voller Brüche. Der Glaube, der das anerkennt, ist kein Ausweg – sondern eine Tiefe. Psychologisch betrachtet bedeutet das: Der Glaube wird zum Container für das Nicht-Wissbare. Er ist nicht die Flucht vor der Realität, sondern ihre Erweiterung. Eine Realität, die auch das Unsichtbare, das Unverfügbare, das Unbeweisbare mit einschliesst.

Der Mensch wird dadurch nicht weniger klar – sondern umfassender. Er erkennt, dass Klarheit nicht in der Ausschliesslichkeit liegt, sondern in der Integration. Und dass Wahrheit nicht immer beweisbar ist – aber spürbar. In der religiösen Geschichte hat es immer wieder Bewegungen gegeben, die versucht haben, das Glaubenssystem zu rationalisieren. Dogmen wurden formuliert, Lehrsätze entwickelt, Beweise gesammelt. All das sollte den Glauben absichern, ihm Festigkeit verleihen. Doch je starrer das System wurde, desto mehr entfernte es sich von seiner Quelle. Denn Glauben lässt sich nicht normieren. Er will erlebt werden. Nicht als Theorie – sondern als Berührung. Die Mystik aller Traditionen wusste das. Sie sprach nicht in Sätzen, sondern in Bildern.

Nicht in Definitionen, sondern in Erfahrungen. Die Mystiker waren keine Feinde der Vernunft – sie waren ihre Grenzgänger. Sie zeigten, dass der Verstand dort endet, wo das Eigentliche beginnt. Und dass dieser Übergang nicht das Ende des Denkens bedeutet – sondern sein Überschreiten. Nicht der Abschied von der Klarheit – sondern ihr Durchbruch in ein anderes Licht. Diese Art des Glaubens hat keine Angst vor Zweifeln. Im Gegenteil: Sie braucht sie. Denn der Zweifel ist kein Feind – er ist das Feuer, das reinigt. Er bricht das Festgefügte auf, lässt Raum für Neues. Er prüft nicht nur – er vertieft. Ein Glaube, der den Zweifel fürchtet, hat sich nicht eingelassen. Er hat sich verschanzt. Aber ein Glaube, der zweifeln darf, ist ein Glaube, der lebt. Und das Leben ist immer grösser als jede Theorie. Vielleicht liegt darin der Grund, warum Gott nicht logisch sein muss – und nicht logisch sein darf. Denn Logik grenzt ein, wo Leben grenzenlos ist. Sie erklärt – aber sie berührt nicht.

Sie formt – aber sie verwandelt nicht. Der Glaube aber will nicht nur erklären – er will tragen, halten, wandeln. Und das kann er nur, wenn er sich der Logik entzieht. Nicht willkürlich – sondern weise. Nicht aus Schwäche – sondern aus Grösse. Ein Gott, den man beweisen könnte, wäre nicht mehr Gott. Er wäre ein Produkt. Ein Objekt unter anderen. Aber das Heilige will nicht objektiviert werden. Es will begegnet werden. Nicht im Labor – sondern im Leben. Nicht in der Formel – sondern in der Erfahrung. Und diese Erfahrung ist immer persönlich. Nie allgemein. Sie entsteht dort, wo der Verstand still wird – und das Herz beginnt, zu hören. Wenn Gott uns nicht braucht, dann vielleicht auch deshalb, weil wir ihn nicht beweisen müssen. Weil er nicht im Denken, sondern im Dazwischen lebt. Nicht im Satz, sondern im Sehen. Nicht im Beweis, sondern im Bewusstsein. Und wer das einmal gespürt hat, weiss: Der Glaube ist kein Ersatz für Wissen. Er ist eine andere Form von Wissen. Eine, die bleibt – wenn alles andere fällt.

Notizen:

Notizen:

Kapitel 17: Heilig ohne Himmel

Warum das Leben selbst genug sein kann.

Wenn das Heilige nicht länger im Jenseits gesucht wird, sondern im Diesseits gefunden werden kann, verändert sich nicht nur das Glaubensbild, sondern das ganze Lebensgefühl. Es ist, als würde der Horizont näher rücken – nicht, weil er kleiner wird, sondern weil man beginnt, ihn dort zu sehen, wo er wirklich ist: im Atem des Alltags, im Klang des Gesprächs, im unscheinbaren Moment.

Das Heilige verliert damit nichts an Tiefe – aber es verliert seinen Ort ausserhalb. Es wird zum inneren Ereignis, zum Resonanzraum, nicht zum Versprechen eines anderen Ortes. Viele Religionen haben den Himmel als Endpunkt gedacht. Als Ziel, als Lohn, als letzte Auflösung allen irdischen Leids. Doch gerade dieses Jenseitsbild hat den Blick vom Leben selbst abgezogen. Es wurde zu einer Art Projektion, zu einer Hoffnung, die – so tröstlich sie auch war – das Jetzt entwertete. Wenn das Eigentliche erst nach dem Tod beginnt, warum dann wirklich leben? Warum dann zweifeln, lieben, kämpfen – wenn alles Entscheidende ohnehin später geschieht? Diese Haltung, so verbreitet sie auch ist, hat eine stille Nebenwirkung:

Sie entzieht dem Leben seine Unmittelbarkeit. Doch was, wenn nichts kommt? Was, wenn kein Himmel wartet – und das kein Grund zur Verzweiflung ist, sondern zur Ehrlichkeit? Dann wird jedes Lächeln bedeutsam. Jede Berührung wird zum endgültigen Ausdruck von Menschsein. Dann trägt das Leben in sich bereits die Tiefe, die man dem Himmel zugeschrieben hat. Nicht als Trost – sondern als Wahrheit. Und die Wahrheit liegt nicht in einer anderen Welt – sondern in der radikalen Anerkennung dieser einen.

Psychologisch betrachtet ist die Verschiebung des Heiligen ins Jenseits auch eine Strategie des Bewältigens. Der Schmerz des Verlusts, die Angst vor Sinnlosigkeit, die Wucht des Endlichen – all das verlangt nach Antworten. Und das Jenseits bietet sie.

Es gibt dem Tod eine Tür, dem Leiden eine Ordnung, dem Unverständlichen ein Ziel. Diese Struktur hilft. Aber sie lenkt auch ab. Sie verhindert die volle Konfrontation mit dem, was ist. Mit der Endlichkeit. Mit dem Unverfügbaren. Mit dem Unwiederbringlichen. Wer aber wagt, sich dieser Endlichkeit zu stellen, findet eine andere Form von Tiefe. Keine tröstliche, keine versprochene – sondern eine unmittelbare. Sie entsteht dort, wo das Leben als das begriffen wird, was es ist: einmalig, fragil, flüchtig – und gerade deshalb voller Bedeutung. Wer weiss, dass nichts wiederkommt, beginnt anders zu sehen. Nicht aus Angst, sondern aus Klarheit. Nicht aus Verlust, sondern aus Wertschätzung.

Das Heilige wird dann nicht mehr überhöht – sondern verinnerlicht. In dieser Perspektive verliert das Leben nicht seine Transzendenz. Es verliert nur ihren Ort. Die Transzendenz liegt nicht mehr in einem Himmel über uns, sondern in der Tiefe dessen, was wir fühlen, entscheiden, durchleiden. In der Tiefe unserer Erfahrung. Und diese Tiefe braucht keine metaphysische Kulisse, um echt zu sein. Sie genügt sich selbst, weil sie alles umfasst, was uns ausmacht. Der Himmel rückt ins Leben hinein – nicht als Ort, sondern als Haltung. Der Gedanke, dass das Leben selbst heilig sein kann, ist nicht neu – aber unbequem. Er nimmt dem Glauben seinen Trostmechanismus und ersetzt ihn durch Verantwortung.

Denn wer keinen Himmel erwartet, beginnt, diese Welt ernster zu nehmen. Jede Entscheidung zählt. Jede Verletzung wirkt. Jeder Moment trägt Gewicht. Es gibt keine Verschiebung mehr, kein späteres Gericht, keine jenseitige Gnade. Nur das, was hier geschieht. Nur das, was wir tun – oder unterlassen. Diese Haltung ist nicht zynisch. Sie ist radikal. Sie nimmt dem Menschen nichts – ausser der Illusion, dass etwas anderes kommen wird. Und genau darin liegt ihre Würde. Sie zwingt nicht, sie befreit. Sie schenkt dem Jetzt eine Dichte, die keine Verheissung je erreichen kann. Die Liebe wird nicht zur Vorstufe einer höheren Liebe – sie ist bereits das Höchste. Das Lachen ist nicht das Echo eines künftigen Paradieses – es ist selbst Paradies. Die Begegnung ist nicht Symbol, sondern Substanz.

Das Heilige, so verstanden, ist nichts Abgehobenes. Es ist der Blick, der wahrnimmt. Die Stille, die aushält. Die Nähe, die nicht flieht. Wer so lebt, lebt nicht weniger gläubig – sondern auf eine andere Weise. Er glaubt nicht an einen Ort – sondern an eine Tiefe. Nicht an eine Instanz – sondern an ein Bewusstsein. Und dieses Bewusstsein braucht keine religiöse Rahmung. Es ist still. Wach. Und vollständig anwesend. In der spirituellen Praxis vieler Menschen lässt sich eine Bewegung beobachten: weg vom Dogma, hin zur Erfahrung. Weg vom System, hin zur Gegenwart. Die alten Bilder greifen nicht mehr – aber das Bedürfnis nach Sinn bleibt. Was sich ändert, ist die Richtung der Suche. Nicht mehr oben, sondern innen. Nicht mehr später, sondern jetzt. Diese Verschiebung ist nicht nur eine religiöse – sie ist eine anthropologische. Sie betrifft die Art, wie der Mensch sich selbst im Leben verortet. Der Himmel war lange eine Landkarte für das, was fehlt. Doch das Fehlen selbst wird nun zum Lehrer. Nicht mehr das Versprechen füllt die Leere, sondern das Dasein in ihr. Und dieses Dasein ist nicht leer – es ist nur still.

Es überfordert nicht, aber es fordert. Es verlangt eine Präsenz, die schwerer ist als jedes Glaubensbekenntnis. Eine Präsenz, die nichts erwartet – und gerade deshalb alles empfängt. Wer so lebt, lebt nicht ohne Spiritualität. Er lebt eine Spiritualität ohne Flucht. Eine Tiefe ohne Floskel. Eine Ehrlichkeit ohne Trostpreis. Diese Form der Spiritualität ist oft namenlos – aber nicht wirkungslos. Sie zeigt sich in der Art, wie jemand zuhört. Wie er sich selbst sieht. Wie er Verantwortung trägt. Es ist eine stille Ethik. Kein Kodex – sondern eine Haltung. Und diese Haltung braucht keinen Himmel, um zu wirken.

Vielleicht liegt gerade in der Abwesenheit eines Himmels die grösste Nähe zum Heiligen. Denn das, was uns bewegt, braucht keinen Ort – es braucht Bewusstsein. Kein Versprechen – sondern Gegenwart. Kein Später – sondern Jetzt. Wenn das Leben selbst zum letzten Grund wird, verliert es nichts an Tiefe. Es gewinnt an Echtheit. Es wird nicht relativ – es wird real. Und aus dieser Realität wächst etwas, das den alten Begriff von Gott nicht negiert, sondern neu fasst: als Beziehung. Als Resonanz. Als stilles Wissen um das, was zählt. Gott braucht uns nicht, weil das Leben bereits alles ist, was wir haben. Und wenn wir das anerkennen – wirklich anerkennen – dann beginnt vielleicht das, was früher Himmel hiess. Nicht über uns. Nicht nach uns. Sondern in uns. In der Weise, wie wir das Jetzt halten. Wie wir den Schmerz nicht meiden. Wie wir die Freude nicht kleinreden. Wie wir einander ansehen, als wäre nichts wichtiger als genau dieser Blick. Es braucht keinen Himmel, um heilig zu sein. Es braucht nur einen Menschen, der nicht wegsieht. Nicht hinaus, nicht hinauf – sondern hinein. In das, was ist. Und wenn das gelingt, wird das Leben nicht nur bedeutungsvoll. Es wird heilig. Ohne Himmel. Aber mit Tiefe.

Notizen:

Notizen:

Kapitel 18: Zwischen Sinn und Stille

Die Sprache der letzten Dinge.

Wenn alles gesagt ist, beginnt das, was nicht mehr gesagt werden kann. Nicht aus Mangel an Worten, sondern aus Übersättigung an Bedeutung. Die letzten Dinge sprechen nicht mehr – sie zeigen sich. Nicht laut, nicht erklärend, sondern in einer Stille, die nicht leer, sondern erfüllt ist. Diese Stille ist nicht Abwesenheit, sondern Gegenwart – eine Gegenwart, die nicht begründet werden will, weil sie sich selbst genügt. Der Mensch, der ihr begegnet, spricht nicht mehr von Wahrheit – er erlebt sie. Was aber sind die letzten Dinge? Für den religiösen Menschen vielleicht der Tod, das Jenseits, das Gericht. Für den psychologisch wachen Geist vielleicht das Ende der Kontrolle, das Ende des Verstehens, das reine Sein. Für beide beginnt an diesem Punkt etwas, das keine Sprache mehr braucht. Denn dort, wo der Mensch seiner Endlichkeit begegnet, verliert sich das Erklären. Dort bleibt nur das Halten. Und Halten ist keine semantische Leistung – es ist eine existentielle. Die letzten Dinge sprechen nicht in Begriffen. Sie sprechen in Gesten. Im leisen Atem eines Abschieds. Im Blick, der nicht mehr fragt. In der Berührung, die kein Versprechen mehr braucht. Wer hier Sprache sucht, wird sie nur finden, wenn er bereit ist, das Sprechen aufzugeben.

Denn die letzte Sprache ist nicht artikuliert – sie ist gespürt. Nicht formuliert – sondern gelebt. Und das bedeutet: Der Sinn selbst wird zur Stille. Nicht als Fehlen von Bedeutung – sondern als ihre Vollendung. Psychologisch betrachtet ist der Wunsch nach letzter Bedeutung eine Form der Sicherung. Der Mensch will wissen, worauf es hinausläuft. Er möchte das offene Ende schliessen, das Fragment vervollständigen, das Rätsel lösen. Doch gerade die letzten

Dinge entziehen sich diesem Impuls. Sie bleiben offen – nicht weil sie unklar wären, sondern weil sie grösser sind als jede Klärung. Und diese Offenheit ist nicht Schwäche – sie ist Würde. In der Therapie wie in der Philosophie zeigt sich dieser Punkt oft als Grenze.

Der Moment, in dem das Verstehen nicht weiterführt. Der Moment, in dem Worte nicht mehr helfen – sondern stören. Weil sie fixieren, was fliessen müsste. Weil sie benennen, was sich gerade durch seine Unbenennbarkeit zeigt. Es ist der Moment, in dem der Mensch erkennt: Nicht alles lässt sich sagen. Und nicht alles muss gesagt werden, um wahr zu sein. Diese Erkenntnis ist keine Kapitulation – sie ist ein innerer Wandel. Eine neue Haltung. Die Bereitschaft, das Offene zu halten, ohne es zu schliessen. Das Unerklärte zu tragen, ohne es aufzulösen. Das Nicht-Wissbare zu würdigen, ohne es zu bezweifeln. Wer das kann, betritt ein anderes Terrain.

Kein intellektuelles – ein existenzielles. Kein theologisches – ein menschliches. Es ist das Terrain der letzten Dinge. Und dort ist der Sinn nicht in der Antwort – sondern in der Begegnung. In der Sprache der Religion wurde dieses Terrain oft mit Metaphern beschrieben. Himmel. Gericht. Wiederkunft. Ewigkeit. Doch all diese Begriffe sind letztlich nur Versuche, eine Erfahrung zu fassen, die sich nicht fassen lässt. Sie sind Bilder – keine Beweise. Hinweise – keine Inhalte. Wer sie zu wörtlich nimmt, verliert ihre Tiefe. Wer sie zu frei deutet, verliert ihre Richtung. Zwischen diesen beiden Polen lebt die spirituelle Sprache – als Einladung, nicht als Definition. Vielleicht ist es das, was die Mystiker aller Traditionen gemeint haben, wenn sie vom „unaussprechlichen Namen" sprachen. Es ging ihnen nie um ein Geheimnis im Sinne eines Verborgenen. Sondern um eine Tiefe, die sich nicht in der Sprache erschöpft. Eine Wahrheit, die nicht erklärt – sondern geteilt wird. Und diese geteilte Wahrheit braucht keine Dogmen. Sie braucht Menschen, die bereit sind, zu hören – auch wenn nichts gesagt wird. Die letzten Dinge – so verstanden – sind nicht das Ende der Geschichte. Sie sind der Anfang eines Hörens ohne Absicht. Ein Sehen ohne Ziel. Ein Wissen ohne Satz. Und dieses Wissen ist das Gegenteil von Ideologie.

Es zwingt nicht. Es drängt nicht. Es bleibt. Wie eine Präsenz. Wie ein Schatten, der nicht Angst macht, sondern Tiefe schenkt. Eine Tiefe, die nicht mehr fragt, was richtig ist – sondern was bleibt. In der modernen Gesellschaft ist diese Sprache der letzten Dinge weitgehend verloren gegangen. Sie wurde ersetzt durch Funktion, Effektivität, Erklärbarkeit. Der Tod wurde ausgelagert, die Stille übertönt, das Sinnhafte ersetzt durch das Nützliche.

Doch der Mensch spürt, dass etwas fehlt. Nicht als Mangel an Wissen – sondern als Mangel an Berührung. Er weiss viel – aber er versteht wenig. Er erklärt alles – und verliert das, was sich nur durch Nähe erschliesst. Vielleicht deshalb suchen so viele nach Sinn – und finden ihn nicht. Weil sie ihn im Aussen suchen. In Konzepten, in Modellen, in Bildern. Doch der letzte Sinn ist nicht aussen. Er ist nicht zu haben – er ist nur zu erfahren. Und diese Erfahrung braucht nicht mehr Worte – sondern weniger. Nicht mehr Theorien – sondern mehr Gegenwart. Nicht mehr Konzepte – sondern ein offenes Herz. Ein Mensch, der einen Sterbenden begleitet hat, weiss, wovon hier die Rede ist. Dort, wo das Leben endet, endet auch die Sprache. Und was bleibt, ist nicht das Gesagte – sondern das Gefühlte. Die Geste. Der Blick. Die Nähe. Dort zeigt sich die Sprache der letzten Dinge: nicht im Buch, nicht auf der Kanzel, nicht im Beweis – sondern im Moment, der keine Wiederholung kennt.

Was also ist die Sprache der letzten Dinge? Vielleicht ist es die Sprache des Schweigens, das nichts mehr beweisen will. Vielleicht ist es der Raum, in dem der Mensch sich selbst begegnet – jenseits aller

Rollen. Vielleicht ist es das Vertrauen, das nicht fragt, warum – sondern dass. Ein Vertrauen ohne Adressat. Eine Zustimmung zum Unabwendbaren, nicht aus Resignation – sondern aus innerer Klarheit. Wenn Gott uns nicht braucht, dann vielleicht deshalb, weil die letzten Dinge ohnehin sprechen. Nicht durch ihn – sondern durch das Leben selbst. Nicht in Dogmen – sondern in der Art, wie wir einander halten, wenn nichts mehr zu sagen ist. Und wer diese Sprache einmal gehört hat, wird nicht mehr viel reden. Er wird schauen. Zuhören. Dasein. Und in diesem Dasein liegt vielleicht mehr Heiligkeit als in tausend Worten. Es ist ein stilles Wissen. Ein Einverständnis mit dem Unlösbaren. Eine Form des Glaubens, die nicht glaubt, sondern weiss. Nicht in Begriffen – sondern in Berührung. Nicht in Begründung – sondern in Bewusstsein. Zwischen Sinn und Stille geschieht das Eigentliche. Und wer es dort findet, hat nichts mehr zu beweisen. Nur noch zu sein.

Notizen:

Notizen:

Kapitel 19: Gott ohne Sprache

Wenn das Heilige stumm wird.

Es beginnt oft unscheinbar: mit dem Verstummen eines Gebets, das früher selbstverständlich war. Mit dem Innehalten in einem Moment, der einst mit Worten gefüllt wurde. Mit der leisen Irritation darüber, dass das, was früher trug, plötzlich leer klingt. Es ist kein Bruch, kein Abfall, kein Angriff auf den Glauben – es ist ein langsames Verstummen. Und dieses Verstummen ist nicht Verlust. Es ist ein Prozess. Ein tiefgehender, stiller Wandel. Eine Reifung, vielleicht. Oder eine Rückkehr. Der Mensch, der diesen Wandel erlebt, spürt, dass er nicht mehr betet wie früher – nicht, weil er nicht mehr glauben will, sondern weil die Worte sich fremd anfühlen.

Sie passen nicht mehr zu dem, was er lebt. Nicht mehr zu dem, was er weiss. Und doch bleibt ein Bedürfnis: nach Tiefe, nach Sinn, nach Verbindung. Nur: Die Sprache trägt diese Verbindung nicht mehr. Sie ist zu laut, zu eng, zu geformt für etwas, das unformbar geworden ist. Das Heilige, das nun aufscheint, ist nicht das, was sich sagt – sondern das, was bleibt, wenn nichts mehr gesagt wird. Es ist keine These, kein Satz, keine Liturgie. Es ist eine Präsenz. Keine, die sich aufdrängt – sondern eine, die einfach ist. Die da ist, ohne benannt zu werden. Ohne Besitzanspruch. Ohne Anspruch auf Verstandenwerden. Eine Form von Gott, die nicht spricht, weil sie nicht muss. Psychologisch gesehen ist Sprache nicht nur Ausdruck – sie ist auch Kontrolle. Wer spricht, versucht zu ordnen, zu deuten, zu gestalten. Auch der religiöse Mensch tut das. Er spricht zu Gott, über Gott, von Gott – in der Hoffnung, das Unsichtbare in Worte zu fassen. Doch mit der Zeit wächst das Gefühl, dass Worte mehr verhüllen als offenbaren. Dass das, was gesagt wird, dem, was gemeint ist, nicht mehr gerecht wird. Und irgendwann beginnt der innere Abstand. Der Mensch beginnt, die Worte mit innerer Distanz zu sprechen. Dann zu denken. Dann wegzulassen. Und schliesslich nur noch zu fühlen, dass etwas da ist – aber ohne Namen. Ohne Form. Ohne Richtung. Das kann erschrecken, denn es bricht mit einer langen Tradition. Doch es kann auch befreien.

Denn was bleibt, ist nicht das Nichts – sondern das Reine. Das Ungebundene. Das, was keine Übersetzung mehr braucht. In dieser Stille liegt nicht Abkehr – sondern eine neue Form von Zugehörigkeit. Eine, die nicht mehr durch Sprache vermittelt wird, sondern durch Gegenwart. Der Mensch wird nicht gottlos – er wird sprachlos vor dem, was sich nicht mehr durch Worte verorten lässt. Und in dieser Sprachlosigkeit beginnt ein neuer Raum: der Raum einer reinen Wahrnehmung. Einer Beziehung, die keine Vermittlung mehr braucht. Die Mystik hat diese Erfahrung lange gekannt – und zugleich wurde sie in vielen religiösen Institutionen misstrauisch beäugt. Denn sie entzog sich der Kontrolle, entzog sich der Sprache, entzog sich der Vermittlung durch Lehre. Ein Gott ohne Sprache ist ein Gott ohne Vermittler. Und das ist gefährlich für jede dogmatische Struktur. Denn es verschiebt das Zentrum: vom Ritus zur Wahrnehmung, vom Gesetz zur Intuition, vom Text zur Erfahrung.

Doch genau hier liegt die Wahrheit des Verstummens. Die Erfahrung, dass Gott – wenn es ihn gibt – nicht gehört werden muss, um da zu sein. Dass das Heilige nicht verkündet, sondern gespürt wird. Nicht im Klang – sondern im Raum zwischen den Klängen. Nicht im Satz – sondern in der Pause. In diesem Zwischenraum beginnt eine neue Theologie. Keine, die sich in Büchern findet. Sondern in der Art, wie jemand blickt. Wie jemand schweigt. Wie jemand liebt. Diese Theologie ist nicht unklar – sie ist anders klar. Sie beruht nicht auf Definitionen, sondern auf Dichte. Auf Anwesenheit. Auf innerer

Nähe. Und diese Nähe lässt sich nicht lehren. Sie lässt sich nur leben. In ihr wird das Sprechen nicht verachtet – aber relativiert. Es wird zum Werkzeug, nicht zum Inhalt. Zum Mittel, nicht zum Ziel.

Und damit verliert das Wort nicht seine Kraft – aber seinen Absolutheitsanspruch. Was bedeutet es für das Bild Gottes, wenn Sprache keine Rolle mehr spielt? Wenn er nicht mehr gerufen wird, nicht mehr beschrieben, nicht mehr gebeten? Vielleicht ist es eine Rückkehr zu dem, was vor der Sprache war. Eine Erinnerung an eine Präsenz, die tiefer liegt als jedes Konzept. Etwas Ursprüngliches, das nicht ansprechbar ist, weil es nicht getrennt ist. Nicht jenseits, sondern inmitten. Nicht über uns – sondern durch uns. Wenn das Heilige stumm wird, beginnt es, anders zu sprechen. Nicht in Worten – sondern im Gefühl der Stimmigkeit. In der Klarheit eines Moments, der nicht erklärbar ist, aber echt. In der Ruhe einer Entscheidung, die nicht argumentiert – sondern einfach geschieht.

In der Sanftheit eines Blicks, der nicht urteilt – sondern erkennt. Und diese Sprache versteht jeder, der bereit ist, auf das zu hören, was keine Stimme hat. Gott ohne Sprache ist kein leerer Gott. Er ist ein anderer Gott. Kein Objekt, keine Figur, kein Partner im Dialog. Sondern eine Qualität der Wahrnehmung. Eine Form von Bewusstsein. Eine Haltung zur Welt. Wer so glaubt – wenn man es überhaupt noch so nennen will – braucht keine Vermittlung mehr. Keine Konstruktion. Keine Bezeichnung. Er lebt nicht „mit Gott", sondern aus einer Tiefe, die alles umfasst, ohne sich selbst zum Thema zu machen. Wenn das Heilige stumm wird, ist das kein Verlust – sondern eine Verwandlung. Die Worte haben ihren Dienst getan.

Sie haben benannt, gerufen, erklärt – aber nun weichen sie einer anderen Präsenz. Einer, die keine Stimme mehr braucht, weil sie überall klingt. In der Art, wie jemand geht. Wie er zuhört. Wie er bleibt. Dieses Verstummen ist nicht die Leere des Glaubens – es ist seine Vollendung. Vielleicht ist es das, was die alten Mystiker meinten, wenn sie davon sprachen, dass man Gott nur findet, wenn man ihn loslässt. Nicht, weil er nicht da ist – sondern weil man ihn sonst nicht erkennt. Die Sprache schafft Distanz. Das Schweigen schafft Nähe. Und in dieser Nähe verliert sich das Bedürfnis, noch etwas sagen zu müssen. Es genügt, zu sein. Gott braucht unsere Worte nicht. Vielleicht braucht er überhaupt nichts. Aber vielleicht – und das ist das Paradoxe – beginnt gerade dann etwas, das dem Heiligen am nächsten kommt: Eine Gegenwart, die still ist. Eine Tiefe, die nicht gefüllt werden muss. Ein Sein, das genügt. Und dieses Sein spricht nicht. Es ist. Und das reicht.

Notizen:

Notizen:

Kapitel 20: Das letzte Ich

Wenn Identität sich auflöst.

Am Anfang steht ein ganz einfacher Gedanke, so beiläufig, dass man ihn fast überhören könnte: Vielleicht bin ich gar nicht das, wofür ich mich halte. Nicht die Summe meiner Eigenschaften, nicht das Bündel aus Erinnerungen, nicht einmal das Ich, das sich gerade jetzt fragt, wer es sei. Dieser Gedanke ist kein Zweifel, keine philosophische These, kein spirituelles Manöver. Er ist ein psychologisches Erzittern. Denn er trifft das Zentrum: das Bild, das sich über Jahre, Jahrzehnte, Leben hinweg geformt hat. Jenes Ich, das sich über Namen, Beruf, Herkunft, Geschichte, Schuld, Sehnsucht und Leistung definiert hat – dieses Ich steht plötzlich im Raum wie eine leere Form, ein Gerüst, das einst bewohnt war, aber jetzt ins Wanken gerät. Die Auflösung beginnt leise. Nicht durch Verlust, sondern durch Überdruss. Irgendwann ermüdet die ständige Wiederholung des Selbst. Das ewige Nacherzählen der eigenen Geschichte wirkt schal, wie ein Text, der zu oft vorgelesen wurde.

Die Empörung über alte Wunden klingt hohl, weil sie nicht mehr getragen wird vom frischen Schmerz, sondern nur noch von der Gewohnheit, verletzt zu sein. Die Leidenschaft für das eigene Bild zerfällt zu einer Pose, die niemand mehr fotografiert. Und dann: Stille. Ein erster Riss. Ein innerer Rückzug, der sich nicht mehr als Abwehr tarnt, sondern als tiefes Unbeteiligtsein. Das Ich erkennt sich – und glaubt sich nicht mehr. Was hier beginnt, ist kein Zusammenbruch, sondern ein Rückbau. Keine Zerstörung, sondern eine langsame, psychologische Entschichtung. Als ob man Zwiebelschale um Zwiebelschale abzieht, um zu erkennen, dass am Ende kein Kern wartet – sondern ein Raum. Nicht leer, nicht voller Bedeutung – sondern offen, durchlässig, ungreifbar. Der Mensch, der das erlebt, steht nicht am Rande des Wahnsinns, sondern an der Schwelle einer neuen Innenwelt. Einer Welt ohne feste Koordinaten, aber voller Stille. Ohne Zentrum, aber mit einer Tiefe, die das frühere Selbst nie zu bieten hatte. Identität ist ein Arrangement. Sie wird nicht gefunden, sondern fortlaufend konstruiert. Psychologisch gesehen ist sie eine Antwort – auf Fragen, die wir uns oft gar nicht bewusst stellen. Wer bin ich? Wozu gehöre ich? Was darf ich sein?

Und: Was muss ich vermeiden, um nicht zu verschwinden? In dieser Dynamik wächst das Ich nicht als Ausdruck innerer Wahrheit, sondern als Strategie. Es wird geformt durch das Echo, das es im Aussen findet. Durch Lob, Ablehnung, Vergleich, Projektion. Wir lernen früh, welches Selbstbild uns schützt, welches uns sichtbar macht, welches uns moralisch bestehen lässt. Doch irgendwann beginnt dieses Arrangement zu wackeln. Nicht, weil es falsch war – sondern weil es zu klein geworden ist. Der Mensch entwickelt sich, doch die Identität bleibt oft starr, aus Angst vor Kontrollverlust. Die Maske klebt fest, auch wenn das Gesicht dahinter längst atmen will. Die Rollen, die wir spielen – als Partner, Eltern, Experten, Rebellinnen, Retter oder Aussenseiter – beginnen zu scheitern, wenn das Leben uns in Räume führt, in denen diese Rollen nicht mehr greifen. Es ist, als würden wir ein Theater betreten, dessen Stück längst zu Ende ist, doch wir stehen noch immer auf der Bühne, rezitieren unsere Sätze, während das Publikum längst gegangen ist.

In diesem Moment beginnt die Krise – nicht als Katastrophe, sondern als Offenbarung. Die Frage lautet nicht mehr: Wer bin ich? Sondern: Muss ich überhaupt jemand sein? Und falls ja – für wen? Für mich? Für das Leben? Für ein unsichtbares Urteil? Diese Fragen brennen nicht, sie schneiden. Sie schneiden durch die Schichten der Inszenierung und legen etwas frei, das wir nicht erwartet haben: Nicht ein tieferes Ich, nicht ein besseres Selbst, sondern das Fehlen einer Notwendigkeit. Die Erkenntnis, dass das Bedürfnis nach Identität selbst eine Maske ist – und dass der Mensch auch dann lebt, wenn er sie fallen lässt. Die Angst vor dem Verlust des Ichs ist die tiefste Angst des Menschen. Nicht die Angst vor dem Tod, nicht die Angst vor Einsamkeit – sondern die Angst, nicht mehr „jemand" zu sein. Denn in einer Welt, die das Subjekt vergöttert, gilt Unsichtbarkeit als Auslöschung. Der Wert des Einzelnen wird über Profil, Leistung, Position und Haltung definiert. Wer sich entzieht, wird als schwach wahrgenommen – oder als bedrohlich.

Doch was, wenn gerade in dieser Entziehung das eigentliche Leben beginnt? Nicht als Rückzug, sondern als Rückgabe? Als Entlassung aus einer Form, die zu eng geworden ist? Psychologisch ist es ein Übergang: vom Ich zur Erfahrung. Vom Selbstbild zur Präsenz. Wer das Ich hinter sich lässt, verliert nicht die Welt – er verliert nur die Idee davon, was er in dieser Welt zu sein hat. Und gerade dadurch beginnt er, wirklich zu sehen. Nicht mehr durch die Brille seiner Narrative, sondern durch die Augen eines offenen Bewusstseins. In diesem Blick liegt keine Gleichgültigkeit, sondern eine neue Form von Verbundenheit. Nicht durch Rolle, nicht durch Status – sondern durch Dasein. Der Mensch, der niemand mehr sein muss, wird nicht weniger. Er wird mehr – weil er durchlässiger wird.

Weil er nicht mehr beweisen muss, sondern sein darf. Weil er das Spiel erkennt – und dennoch nicht zynisch wird. Er handelt, aber ohne Maske. Er begegnet, aber ohne Anspruch. Er denkt, aber nicht mehr in Verteidigungsstrukturen. Das Ich, das ihn früher umklammerte, ist nun ein Werkzeug, kein Gefängnis mehr. Er kann es nutzen, ohne sich darin zu verlieren. Und wenn es schweigt, schweigt auch er – nicht aus Mangel, sondern aus Reife. Religiöse Traditionen sprechen oft vom „Tod des Egos", mystische Systeme vom „Erwachen“. Doch jenseits dieser symbolischen Begriffe liegt ein realer, psychologisch spürbarer Prozess: das Zerbröckeln der Selbstdefinition. Und dieser Prozess ist keine spirituelle Geste – er ist menschlich. Er beginnt, wenn das frühere Ich keine Energie mehr hat. Wenn es nicht mehr antreibt, nicht mehr trägt, nicht mehr schützt. Wenn die Muster nicht mehr greifen, die Worte nicht mehr überzeugen, die Gewohnheiten nicht mehr beruhigen.

Was bleibt, ist nicht Leere im bedrohlichen Sinn, sondern ein Raum, in dem das Neue noch keinen Namen hat. Es ist ein Schwebezustand, oft begleitet von Orientierungslosigkeit, Müdigkeit, Melancholie. Denn was fällt, ist nicht nur Fassade – es ist eine lange gelebte Form des Seins. Doch gerade in diesem Fall liegt der Moment der Freiheit. Der Mensch erkennt: Ich bin nicht, was ich dachte. Und ich muss auch nicht mehr werden, was ich glaubte, sein zu müssen. Ich darf mich selbst nicht mehr fortsetzen. Ich darf vergehen – und daraus neu auftauchen. Nicht als Version, sondern als Zustand. Diese Art des Auflösens ist kein Zerfall – es ist ein Öffnen.

Ein psychologisches Ausatmen. Nicht mehr kämpfen. Nicht mehr spielen. Nicht mehr beweisen. Und in dieser Müdigkeit liegt keine Schwäche – sondern eine Kraft, die sich anders zeigt: still, weit, durchlässig. Die Kraft des Nicht-Ichs. Die Kraft dessen, was lebt, ohne sich zu benennen. Und plötzlich geschieht etwas Seltsames: Der Mensch wird sich nah, gerade weil er aufhört, sich zu beschreiben. Er erkennt sich – nicht als Figur, sondern als Feld. Nicht als Wesen – sondern als Bewusstsein. Am Ende steht kein neues Ich, kein höheres Selbst, kein Erleuchteter. Es steht ein Mensch, der nicht mehr besessen ist vom Gedanken, jemand sein zu müssen. Der da ist, nicht weil er weiss, wer er ist – sondern weil er es nicht mehr wissen muss. Und genau darin liegt ein neues Mass an Lebendigkeit. Eine Nähe zur Welt, die nicht über Konzepte läuft. Eine

Zugewandtheit, die nicht mehr in Worten aufgeht. Eine stille, atmende Präsenz, die nicht glänzen will, sondern trägt. Dieser Mensch glaubt nicht mehr an sein Ich – und er braucht kein anderes. Er atmet, hört, sieht, liebt – nicht als jemand, sondern als Bewegung. Als Ereignis. Als Dasein. Und das ist genug. Mehr als genug. Denn es ist der Moment, in dem Gott – so paradox es klingt – überflüssig wird. Nicht, weil man ihn besiegt hätte. Sondern weil man verstanden hat, dass all die Zuschreibungen, die Bilder, die Bitten, die Identitäten nur Krücken waren, um etwas zu stützen, das gar nicht gestützt werden muss. Das letzte Ich ist kein Ich mehr.

Es ist ein stiller Punkt im Bewusstsein. Und genau dort – in dieser Leere, in dieser Freiheit, in dieser Ungeformtheit – beginnt das, was man vielleicht Heiligkeit nennen könnte. Nicht als Idee. Nicht als System. Sondern als Sein.

Notizen:

Notizen:

Kapitel 21: Jenseits des Glaubens

Wie Vertrauen bleibt, wenn alles fällt.

Es gibt einen Moment, in dem alle Gewissheiten sich auflösen. Nicht in einer plötzlichen Explosion, sondern wie Eis, das im Sonnenlicht schmilzt – still, ohne Drama, aber unwiderruflich. Die Worte, die früher getragen haben, klingen leer. Die Gesten, die einst trösteten, verfehlen ihre Wirkung. Die Versprechen, an die man glaubte, verlieren ihre Kraft. Und doch: Der Mensch bleibt. Irgendetwas in ihm bleibt stehen, bleibt aufrecht, bleibt lebendig. Dieses Etwas nennt sich nicht mehr Glaube, es nennt sich nicht Hoffnung, es nennt sich nicht mehr „Sinn" – es ist einfach da.

Eine Art innerer Halt, der keine Begründung mehr braucht. Und der sich gerade dann zeigt, wenn alles fällt. Was bleibt, wenn der Glaube geht? Wenn die Idee von Gott verblasst, die Religion verstummt, das Konzept vom Grösseren sich auflöst wie ein Traum, der am Morgen nicht mehr zurückkehrt? Was bleibt, wenn der Mensch aufhört, zu hoffen, dass etwas von aussen ihn hält – und doch nicht zerfällt? In diesem Moment beginnt die Erfahrung von Vertrauen jenseits des Glaubens. Ein Zustand, der nicht an etwas glaubt, sondern aus etwas lebt. Etwas, das nicht benannt werden kann, weil es nicht in Worten besteht. Etwas, das sich nicht beweist, weil es keinem Beweis bedarf. Es ist kein Vertrauen in etwas – sondern ein Vertrauen, das ist. Diese Form des Vertrauens entsteht nicht aus Überzeugung. Sie ist nicht gelernt, nicht gewünscht, nicht errungen. Sie ist gewachsen – aus all dem, was zuvor zusammengebrochen ist. Wie eine Pflanze, die nicht im Licht gedeiht, sondern in der Dunkelheit wurzelt. Der Mensch, der alles verloren hat, was er glaubte glauben zu müssen, steht nackt vor der Welt –

und atmet dennoch. Und in diesem Atem liegt das Unsichtbare, das ihn trägt. Nicht als Idee. Nicht als Trost. Sondern als unmittelbare Gegenwart. Die Psychologie des Glaubens ist tief mit der Angst verbunden. Wer glaubt, tut das oft, weil er Halt sucht. Struktur. Ordnung im Chaos. Ein System, das schützt, erklärt, verbindet.

Glauben ist nicht nur eine metaphysische Überzeugung – er ist eine innere Architektur. Er schafft Räume, in denen das Ich sich orientieren kann, sich aufgehoben fühlt, sich nicht ganz allein erlebt. Und doch: Diese Räume sind gebaut. Sie sind nicht naturgegeben, sondern entstanden aus menschlicher Notwendigkeit, menschlicher Geschichte, menschlicher Erfindung. Wenn der Glaube zu wanken beginnt, geschieht das selten aus intellektueller Skepsis. Es geschieht meist aus innerer Reibung. Aus der Erfahrung, dass die Erklärungen nicht mehr tragen, die Antworten nicht mehr greifen, die Gebete unbeantwortet bleiben – nicht weil sie überhört wurden, sondern weil sie ins Leere gingen. In dieser Leere liegt der Anfang des Vertrauens. Denn nur wer keine Antwort mehr erwartet, kann beginnen, im Unbeantworteten zu leben. Nur wer keine Struktur mehr braucht, kann sich dem Formlosen öffnen.

Vertrauen jenseits des Glaubens ist ein paradoxes Phänomen: Es basiert nicht auf Sicherheit, sondern auf dem Akzeptieren der Unsicherheit. Es sucht nicht nach Garantien, sondern findet sich im Fehlen derselben. Es ist eine Qualität des Daseins, nicht der Überzeugung. Und es zeigt sich oft gerade in jenen Menschen, die alle Systeme hinter sich gelassen haben. Nicht aus Zynismus, nicht aus Trotz – sondern aus innerer Reife. Sie haben erkannt, dass das Leben nicht beantwortet werden muss, um getragen zu werden. Dass das, was uns hält, nicht immer einen Namen hat – und vielleicht gerade deshalb trägt. Wer seinen Glauben verliert, verliert oft mehr als eine Idee. Er verliert Gemeinschaft, Zugehörigkeit, moralische Orientierung. Er verliert ein Weltbild, das ihn über Jahre begleitet hat. Und doch kann gerade in diesem Verlust eine Tiefe entstehen, die vorher nicht möglich war. Denn Glaube bindet – Vertrauen lässt frei. Glaube stützt sich auf Formeln, Traditionen, Geschichten. Vertrauen aber braucht keine Geschichte – es ist selbst eine Bewegung. Eine innere Bereitschaft, sich nicht gegen das Leben zu stemmen, sondern sich ihm zu überlassen. Diese Form der Hingabe hat nichts mit Naivität zu tun. Sie ist nicht blind. Im Gegenteil: Sie sieht mehr, weil sie nichts mehr abwehren muss.

Sie rechnet mit Dunkelheit, mit Verlust, mit Schmerz – und bleibt dennoch offen. Vertrauen ist nicht die Erwartung, dass alles gut wird. Es ist die Entscheidung, sich nicht zu verschliessen, wenn es das nicht wird. Es ist ein psychologischer Zustand, der nicht in Konzepten lebt, sondern in Haltung. Eine Haltung, die sagt: Auch wenn ich nichts weiss, auch wenn ich nichts glauben kann – ich bin da. Ich gehe weiter. Ich atme. Ich öffne mich der Welt, obwohl ich nichts in der Hand habe. Dieses Vertrauen entsteht nicht durch Lehre, nicht durch Meditation, nicht durch Rituale. Es entsteht durch Erfahrung. Durch Leben. Durch das Durchgehen von Täuschungen, Hoffnungen, Zusammenbrüchen. Und irgendwann – ganz unvermittelt – erkennt der Mensch: Ich muss nicht glauben, um getragen zu sein. Ich muss nicht hoffen, um weiterzugehen.

Ich bin nicht verloren, wenn ich nichts mehr weiss. Denn ich bin nicht das, woran ich glaube. Ich bin nicht das, was ich verliere. Ich bin nicht das, was mir Halt gibt. Ich bin – jenseits dessen. Religiöse Sprache kennt Begriffe wie „Gnade“, „Fügung“, „Geist“. Doch wenn man all diese Begriffe entkleidet, bleibt eine Erfahrung, die auch ohne Religion zugänglich ist: Das Gefühl, nicht allein zu sein – nicht im äusseren Sinne, sondern innerlich. Eine Art Resonanz mit dem Leben selbst. Eine Stille, die nicht leer ist, sondern atmend. Eine

Gegenwart, die nicht erklärt werden kann, aber spürbar ist. Viele Menschen erleben das – und sie würden es vielleicht nicht „Vertrauen" nennen, aber sie leben daraus. Diese Form der inneren Gegenwart hat keine Richtung. Sie ist nicht zielgerichtet, nicht lösungsorientiert. Sie ist kein System, keine Technik, keine Wahrheit.

Sie ist wie Licht – nicht etwas, das sagt, wo es hingeht, sondern etwas, das einfach da ist. Wer einmal in diese Gegenwart gefallen ist, der weiss: Es braucht keinen Glauben, um gehalten zu sein. Es braucht kein Dogma, um würdig zu leben. Es braucht kein Versprechen, um sich dem Leben zu stellen. Vertrauen ist kein Ersatz für Glaube – es ist die Form, die bleibt, wenn aller Glaube gegangen ist. Und dieses Vertrauen ist nicht nur innerlich. Es verändert auch die Beziehung zur Welt. Wer nicht mehr glaubt, aber vertraut, hört anders zu. Er urteilt weniger. Er muss nicht mehr gewinnen. Er hat keinen Missionsauftrag. Er braucht keine Bekehrung. Er lebt, weil das Leben ihn meint. Nicht als Auserwählter, nicht als Besonderer – sondern als Teil. Als Wesen. Als Bewegung in einem Ganzen, das nicht verstanden werden muss, um gewürdigt zu werden. Es gibt ein Vertrauen, das sich nicht beweisen will. Das nicht laut ist.

Das sich nicht zeigen muss. Es wohnt im Schweigen. Es lebt im Blick, der nicht weicht. In der Hand, die nicht drückt. Im Schritt, der nicht zögert, obwohl er nicht weiss, wohin er führt. Dieses Vertrauen entsteht jenseits aller Konstrukte. Es ist das, was vom Menschen bleibt, wenn er keine Worte mehr hat. Kein Ziel. Kein Halt. Keine Götter. Nur sich – in der Tiefe einer Welt, die ihn weder rettet noch vernichtet. Die ihn einfach trägt. Und vielleicht ist es genau das, was gemeint ist, wenn alte Mystiker von „Gott in uns" sprechen. Nicht ein Gott als Figur. Nicht ein Glaube als Überzeugung. Sondern ein Vertrauen, das aus der Tiefe aufsteigt. Nicht weil es gelernt wurde. Sondern weil es nicht anders möglich ist. Weil der Mensch, der alles verloren hat, etwas entdeckt hat, das nicht verloren gehen kann: sich selbst – im offenen Zustand. Im Nicht-Ich. Im Dasein ohne Etikett. Jenseits des Glaubens beginnt das eigentliche Vertrauen. Nicht als Konzept – sondern als Sein. Und dieses Vertrauen braucht keine Wiederholung, keine Bestätigung, keine Kirche, kein Gebet. Es ist der stille Grund, auf dem ein Mensch stehen kann, ohne zu wissen, worauf er steht. Und vielleicht ist das der einzige Ort, an dem Freiheit wirklich beginnt.

Notizen:

Notizen:

Kapitel 22: Die Leere als Lehrer

Warum das Nichts keine Bedrohung ist.

Die Leere ist kein Ort. Sie ist ein Zustand. Kein Raum, in dem man sich befindet, sondern ein Bewusstsein, das sich zwischen zwei Gewissheiten aufspannt. Sie tritt nicht auf wie eine Erscheinung, sondern wie ein Verschwinden. Nicht mit einem Knall, sondern mit einem Verblassen. Sie kommt nicht, sie bleibt. Und weil sie nicht greifbar ist, nennen wir sie bedrohlich. Doch was ist an der Leere bedrohlich – ausser dem, was wir in sie hineinprojizieren? Vielleicht ist es gar nicht die Leere, die wir fürchten, sondern unser eigener Widerstand gegen sie. Das, was in uns laut wird, wenn alles andere still geworden ist. Die Psychologie kennt Übergangszustände: Liminalphasen, in denen die alte Identität bereits gefallen ist, aber noch keine neue Form gefunden wurde. Solche Phasen gelten als psychisch hochdynamisch, weil sie den Menschen seiner vertrauten Selbstbeschreibung berauben. Genau hier taucht die Leere auf. Nicht als Mangel, sondern als Durchgang.

Wer gelernt hat, die Leere nicht als Defizit zu erleben, sondern als notwendig unbestimmten Zwischenzustand, der kann in ihr etwas erfahren, das weit jenseits von Kontrolle liegt. Etwas, das nicht benannt, nicht verstanden, nicht optimiert werden muss. Die Leere lehrt nicht durch Inhalt, sondern durch Abwesenheit. Sie entzieht dem Denken seine Gegenstände, dem Fühlen seine Geschichten, dem Wollen seine Richtung. In dieser Abwesenheit fällt der Mensch zurück auf sich selbst – nicht im narzisstischen Sinne, sondern in einem ursprünglicheren Zustand: ein Dasein ohne Etikett, ohne Ziel, ohne Plan. Es ist das Sein selbst, das dann spürbar wird – nicht als Konzept, sondern als Präsenz. Und diese Präsenz ist weder leer noch voll, weder richtig noch falsch – sie ist einfach da. Sie geschieht. Und sie wartet nicht auf Zustimmung. Leere erzeugt Angst, weil sie keine Antworten gibt. Sie nimmt Fragen auf, aber sie antwortet nicht. Sie bietet keine Rückmeldung, keine Spiegelung, keine Erleichterung. In einer Welt, die von Reaktion lebt, ist das unerträglich. Der Mensch möchte gesehen, gehört, verstanden werden. Doch in der Leere gibt es kein Gegenüber. Kein Gott, der spricht. Keine Welt, die deutet. Kein inneres Echo. Das Ich ruft – und erhält nichts zurück. Gerade darin liegt die Kraft der Leere: Sie konfrontiert den Menschen mit der nackten Form seines Seins.

Ohne Dekoration. Ohne Dialog. Ohne Ausflucht. In der therapeutischen Arbeit ist die Begegnung mit der inneren Leere ein Wendepunkt. Viele Klienten berichten von einem diffusen Gefühl des Nichts, das sich nicht beschreiben lässt – ein dumpfer Raum im Inneren, in dem nichts existiert, nichts Sinn ergibt. Wenn dieser Zustand nicht verdrängt, sondern gehalten wird, kann sich daraus eine tiefgreifende Wandlung ergeben. Denn die Leere ist nicht nur Abwesenheit. Sie ist auch Möglichkeit. Sie ist der Nullpunkt, von dem aus neue Orientierung entstehen kann – nicht als Konstruktion, sondern als organisches Erwachsen. Doch das braucht Zeit. Und Mut. Die Leere lässt sich nicht beschleunigen. Sie duldet keine Eile. Sie entzieht sich jeder Technik, jeder Methode, jedem „Wie gehe ich damit um“. Sie verlangt kein Tun – sondern das Lassen.

Das Sich-Aussetzen. Das Verweilen. Und genau das widerspricht der psychologischen Ökonomie des modernen Menschen. Denn wo kein Fortschritt, kein Nutzen, kein Effekt ist, da sieht er keinen Sinn. Aber vielleicht beginnt der Sinn dort, wo das Nützliche endet. Vielleicht ist der Sinn nicht das, was erklärt, sondern das, was trägt – auch wenn es nicht spricht. Es gibt eine Qualität in der Leere, die sich nur jenen zeigt, die ihr lange genug standhalten. Es ist eine

Qualität von Durchlässigkeit. Nicht, weil sich etwas zeigt, sondern weil man selbst sich aufhört zu zeigen. Wer lange genug in der Leere verweilt, verliert das Bedürfnis, sich definieren zu müssen.

Die Konstruktionen des Ichs – Rollen, Identitäten, Überzeugungen – verlieren ihre Spannung. Man erkennt, dass sie getragen haben, aber nicht tragen mussten. Dass sie brauchbar waren, aber nicht notwendig. Und in diesem Erkennen entsteht etwas, das man nicht willentlich herbeiführen kann: ein Zustand tiefer innerer Weite. Diese Weite ist nicht Euphorie. Sie ist nicht das Gegenteil von Schmerz. Sie ist ein konturloses Dasein, das keiner Bestätigung bedarf. Es fühlt sich nicht spektakulär an, nicht gross, nicht neu. Es ist schlicht – fast banal – und gerade darin ungeheuer kraftvoll. Die Weite der Leere ist wie das Meer nach dem Sturm. Kein Aufruhr mehr, kein Drama, keine Geschichte. Nur Wellen. Und ein Horizont, der sich nicht näher erklärt. Der Mensch, der in dieser Weite steht, ist nicht erleuchtet. Er ist nicht besser. Er ist nicht erlöst. Er ist einfach nur da – ohne etwas sein zu müssen. Diese Erfahrung verändert den Umgang mit sich selbst. Man beginnt, weniger zu brauchen. Nicht aus Askese, nicht aus Verzicht, sondern aus innerer Stillung. Viele Stimmen, die vorher forderten, verstummen.

Viele innere Konstrukte, die stützten, lösen sich auf – und werden nicht vermisst. Nicht, weil sie schlecht waren, sondern weil man spürt: Es geht auch ohne. Das Ich wird leichter, nicht weil es kleiner wird, sondern weil es sich nicht mehr festhält. Es lässt durch. Es klammert nicht mehr. Und das ist keine Leistung – es ist eine Folge. Eine Folge der Leere, die nicht geflohen, sondern durchlebt wurde. Die Leere ist keine spirituelle Errungenschaft. Sie ist nicht exklusiv jenen vorbehalten, die meditieren, sich zurückziehen oder gelobt werden. Sie ist ein universeller Zustand. Sie betrifft jeden Menschen – früher oder später. In Momenten der Krise, der

Entwurzelung, der Verluste. Wenn ein geliebter Mensch geht. Wenn ein Lebenssinn zerbricht. Wenn ein Beruf, eine Rolle, ein Glaube nicht mehr trägt. Die Leere kommt dann nicht als Feind – sondern als Lehrerin. Aber nur, wenn man aufhört, sie bekämpfen zu wollen. In der modernen Gesellschaft wird Leere sofort überspielt. Mit Informationen, mit Unterhaltung, mit Produktivität.

Keine Sekunde darf unausgefüllt bleiben. Die Angst vor dem Nichts ist tief verankert – als ob man im Stillstand dem Tod zu nahe käme. Doch vielleicht ist gerade das Gegenteil wahr: Wer nie innehält, wer sich nie der Leere stellt, lebt an der Oberfläche des Lebens. Er lebt in Bewegung, aber nicht in Tiefe. In Reaktion, aber nicht in Präsenz. Er bewegt sich durch Strukturen, aber nicht durch sich selbst. Und genau hier liegt das Geschenk der Leere: Sie führt nicht nach aussen, sondern nach innen. Nicht zu neuen Dingen, sondern zu einer neuen Art, da zu sein. Wer die Leere durchschreitet, kehrt nicht zurück in das Alte. Er erfindet sich auch nicht neu – sondern wird durchlässiger für das, was ist. Er trägt weniger Schutz, aber auch weniger Last. Er urteilt weniger, aber sieht klarer. Er verlangt weniger, aber begegnet offener. Er lebt nicht aus Angst vor Verlust – sondern aus einem inneren Raum, der gelernt hat, dass Nichts nicht das Ende ist. Sondern ein Anfang ohne Etikett. Am Ende bleibt die Frage: Was sagt die Leere? Und die Antwort lautet: Nichts.

Sie sagt nichts – und das ist ihre grösste Weisheit. Denn wo Worte aufhören, beginnt ein anderes Verstehen. Kein kognitives, kein erklärendes, kein argumentierendes. Sondern ein tiefes, stilles Mitwissen. Ein Wissen, das nicht im Kopf sitzt, sondern im Körper, in der Wahrnehmung, im Dasein selbst. Die Leere zwingt uns nicht, sie lehrt uns nicht – sie lässt uns. Sie lässt uns fallen, und in diesem Fallen entdecken wir, dass wir nicht zerschellen. Vielleicht ist das die tiefste Lektion: Nicht das Leben trägt uns – sondern unser

Lassen. Unser Aufhören, das Leben in Bahnen zwingen zu wollen. Unser Verzicht, Antworten erzwingen zu müssen. Unser Einverständnis mit dem, was wir nicht verstehen. Die Leere fragt nicht nach Zustimmung. Sie ist einfach. Und sie wirkt – wenn wir sie lassen. Wer ihr begegnet, wird nicht belohnt. Aber er wird entlastet. Von der Idee, jemand sein zu müssen. Von der Idee, das Leben erklären zu können. Von der Idee, dass es immer weitergehen muss. Und vielleicht ist das der Ort, an dem wirkliche Freiheit beginnt:

Nicht dort, wo alles möglich ist – sondern dort, wo nichts mehr nötig ist. Die Leere als Lehrer. Nicht weil sie belehrt. Sondern weil sie nicht mehr nötig hat, uns zu überzeugen. Sie ist. Und in ihrem Schweigen hören wir vielleicht zum ersten Mal: uns selbst. Nicht das Ich mit seinen Geschichten. Sondern das, was wir sind, wenn wir nichts mehr sein müssen.

Notizen:

Notizen:

Kapitel 23: Die Geburt der Stille

Wie Innerlichkeit entsteht, wenn die Welt verstummt.

Die Stille ist keine Abwesenheit von Geräusch, sondern eine andere Qualität der Anwesenheit. Sie beginnt nicht, wenn der Lärm endet, sondern wenn das Bedürfnis zu reagieren abnimmt. Man könnte sagen: Stille entsteht nicht im Aussen, sondern im Aufhören des Innen, überall etwas bedeuten zu wollen. Es ist ein Missverständnis zu glauben, Stille sei leer. Wer sie je wirklich betreten hat, weiss: Sie ist voller Tiefe, voller Bewegung, voller Wahrheit – nur spricht sie nicht in Worten. Sie antwortet nicht auf Fragen. Und sie stellt auch keine. Sie ist. Und in diesem Sein beginnt ein neuer innerer Raum, der nicht das Resultat von Rückzug ist, sondern von Ankommen. In einer Welt, die ihre Identität aus Kommunikation bezieht, ist die Stille ein Fremdkörper. Sie passt nicht in den Rhythmus von Interaktion, Reaktion, Beziehung. Sie entzieht sich der Messung.

Sie lässt sich nicht beschreiben, nicht kategorisieren. Und gerade deshalb ist sie so radikal. Denn wer ihr begegnet, begegnet etwas, das sich nicht mehr auflösen lässt. Etwas, das nicht kommt, um zu gefallen, und nicht geht, wenn man es nicht will. Die Stille bleibt. Nicht weil sie will, sondern weil sie nicht mehr will. Und in dieser Qualität beginnt etwas zu entstehen, das tiefer reicht als jede Botschaft: eine neue Beziehung zum Selbst. Der Mensch, der in die Stille eintritt, begegnet zunächst seinem Widerstand.

Denn das Verstummen der Welt legt nicht die Wahrheit offen, sondern zuerst das Chaos. Gedanken werden lauter, Gefühle roher, Erinnerungen schärfer. In der Stille spricht alles, was sonst vom Lärm verdeckt wurde. Und das ist nicht romantisch. Es ist nicht friedlich.

Es ist oft schmerzhaft, unübersichtlich, beunruhigend. Die Stille holt nichts hervor – sie lässt nur nichts mehr weg. Und das macht sie so ehrlich. Denn alles, was in der Bewegung verschwinden konnte, bleibt jetzt sichtbar stehen. Und das Ich hat nichts mehr, hinter dem es sich verstecken kann. Psychologisch gesehen ist die Erfahrung von Stille ein Wendepunkt im Prozess der Individuation. C.G. Jung beschrieb die Begegnung mit dem inneren Selbst als einen Akt der Konfrontation – nicht mit dem Licht, sondern mit dem Schatten. Und Stille ist der Ort, an dem der Schatten sichtbar wird.

Nicht als Dämon, sondern als ungehörte Stimme. Die Stimme des Unbeachteten, des Abgespaltenen, des niemals Anerkannten. In der Stille ruft nicht das Ideal – sondern der Rest. Und wer bereit ist, diesem Rest zuzuhören, der entdeckt nicht Schwäche, sondern Würde. Denn Stille ist kein Rückzug, sondern ein Zugang. Sie führt nicht weg vom Leben, sondern tiefer hinein. Sie öffnet Räume, die im Getöse verschlossen bleiben. Und sie erlaubt ein neues Hören – ein Hören ohne Absicht, ohne Bewertung, ohne Ziel. In der Tiefe der Stille hören wir nicht nur unsere Gedanken, sondern auch das, was jenseits der Gedanken liegt: Atmosphären, Spannungen, Seinszustände. Die Innenwelt beginnt zu atmen, nicht weil sie befragt wird, sondern weil sie nicht mehr gestört wird. Und aus diesem stillen Atmen entsteht etwas, das sich mit keiner Methode erzwingen lässt: eine Form von Innerlichkeit, die nicht gemacht, sondern geschehen ist. Diese Innerlichkeit ist nicht gleichbedeutend mit Introspektion. Sie ist nicht das ständige Analysieren des Selbst, kein unaufhörliches Kreisen um die eigene Achse. Sie ist vielmehr das Aufhören des Drangs, sich zu erklären. In der Stille darf etwas einfach sein. Ohne Grund. Ohne Nutzen. Ohne Funktion. Und genau das ist revolutionär in einer Welt, die jedes Gefühl, jede Handlung, jede Erfahrung sofort psychologisch einordnet, ethisch bewertet oder emotional auswertet. Innerlichkeit ist ein Zustand jenseits der Verwertung. Sie ist da, weil sie da ist – nicht weil sie gebraucht wird. Und das macht sie so selten. Was geschieht, wenn die Welt verstummt? Zunächst: Irritation. Die Reizlosigkeit erschüttert. Denn unsere Aufmerksamkeit ist trainiert auf Aussen.

Auf Signale, auf Bewegung, auf Relevanz. Wenn alles verstummt, bricht das Bezugssystem weg. Was soll man denken, wenn nichts gefragt wird? Was soll man fühlen, wenn nichts reagiert? Was soll man sein, wenn nichts zurückkommt? Es ist dieser Moment, in dem sich entscheidet, ob der Mensch sich selbst als Quelle erlebt – oder als Echo. Die Stille ist der Test: Bin ich da, auch wenn niemand mich braucht? Für viele ist das Verstummen der Welt der Beginn einer Krise. Einsamkeit, Leere, Bedeutungslosigkeit – sie steigen auf wie alte Geister. Doch genau hier beginnt die Wandlung. Denn wer lange genug bleibt, entdeckt, dass die Welt nicht wirklich verstummt ist – sondern dass ihr Lärm nur das Eigene übertönt hat. In der Stille beginnt das Eigene zu sprechen. Zuerst leise. Dann klarer.

Dann tief. Und diese Stimme ist nicht neu. Sie war immer da. Aber sie hatte keinen Raum. Weil alles andere lauter war. Jetzt hat sie Raum. Und der Mensch erkennt: Es war nie das Aussen, das ihm fehlte – sondern das Hören. Stille ist also nicht nur das Schweigen der Welt, sondern das Aufwachen des Inneren. In ihr erscheint kein neuer Inhalt – aber eine neue Form. Die Form des Daseins, das nicht mehr auf Bedingungen wartet. Das nicht mehr verlangt, dass etwas passiert. Das nicht mehr fordert, gesehen zu werden. Sondern das einfach ist – in seiner stillen Tiefe. Und in diesem Zustand geschieht etwas, das nicht gemacht werden kann: eine Annäherung an Wahrheit. Nicht als Wissen, nicht als Aussage, sondern als Haltung. Eine stille Wahrheit, die nicht überzeugt, sondern trägt. Weil sie nicht sagt, sondern ist. Die Geburt der Stille ist nicht plötzlich. Sie ist ein Prozess. Und wie jede Geburt ist sie begleitet von Schmerzen, Zweifeln, Widerstand. Das Alte will nicht weichen.

Das Neue hat keinen Namen. Der Mensch steht dazwischen. Ohne Land. Ohne Richtung. Doch irgendwann hört das Kämpfen auf. Nicht weil man gewonnen hätte – sondern weil man müde ist. Und in dieser Müdigkeit beginnt die Öffnung. Eine Öffnung, die nicht will, sondern geschehen lässt. Die nicht fordert, sondern empfängt. Die nicht spricht, sondern hört. In dieser Öffnung beginnt Innerlichkeit. Nicht als Gedanke, nicht als Zustand, sondern als leise Ausrichtung. Eine Art innerer Blick, der nichts fixiert und nichts ausschliesst. Eine Haltung, die nicht urteilt, sondern wahrnimmt. Die nicht verändert, sondern begleitet. Und die darin kraftvoller ist als jede Intervention. Denn sie trägt. Und sie verändert durch ihr blosses Dasein. Innerlichkeit ist nicht Effekt – sie ist Atmosphäre.

Sie verändert nicht das Objekt, sondern die Beziehung. Sie verlangt keine Lösung, sondern erlaubt das Sein. Und das ist vielleicht die grösste Form von Heilung: Gesehen werden, ohne sich zeigen zu müssen. Stille als Geburt ist nicht spektakulär. Sie hat kein Ereignis, keinen Wendepunkt, keinen Höhepunkt. Sie geschieht, wenn man nicht mehr hinsieht. Wenn man nicht mehr sucht. Wenn man nicht mehr wissen will. Und plötzlich ist sie da. Nicht als Belohnung. Sondern als Folge. Als Folge des Lassens, des Durchhaltens, des Nichtweglaufens. Und dann erkennt man: Sie war immer da. Unter allem. Hinter allem. In allem. Und man selbst war immer Teil von ihr – nur hatte man vergessen, still zu sein. Am Ende bleibt die Stille nicht das Gegenteil von Leben, sondern dessen Ursprung.

Alles beginnt in ihr – nicht in der Bewegung. Die ersten Zellen teilten sich nicht im Lärm, sondern in einem stillen Raum. Gedanken entstehen nicht im Lärm, sondern in der Pause dazwischen. Liebe wächst nicht im Geräusch, sondern in der Lücke, in der keiner spricht. Die Stille ist nicht das Ende – sie ist das Eigentliche. Und wer ihr begegnet, der beginnt nicht aufzuhören – sondern endlich wirklich zu sein. Vielleicht ist das die tiefste Wahrheit dieses Kapitels: Dass Innerlichkeit nicht gemacht werden kann. Sie ist kein Ergebnis. Keine Entscheidung. Kein Ziel. Sie ist die Folge einer Stille, die man nicht flieht. Einer Leere, die man nicht füllt. Einer Sehnsucht, die man nicht benutzt. Sie wächst, wo niemand hinsieht.

Sie bleibt, wo nichts mehr sein muss. Sie spricht, wo niemand mehr fragt. Und sie lebt, wo man nicht mehr leben muss. So gesehen ist die Geburt der Stille nicht das Ende des Ichs – sondern seine erste wirkliche Form. Ein Ich, das nicht kämpft, nicht überzeugt, nicht glänzt. Sondern ein Ich, das da ist. Nackt. Leise. Frei. Und genau darin beginnt das, was vielleicht am nächsten an das heranreicht, was man früher einmal „Gott“ genannt hat.

Notizen:

Notizen:

Kapitel 24: Der Verlust als Weg

Warum das Heilige verschwindet, um zu erscheinen.

Es ist eine bittere Wahrheit, die nur langsam in die Tiefe des Bewusstseins sickert: Dass vieles, was uns heilig war, gehen muss, bevor es uns berühren kann. Der Verlust ist kein Unfall, kein Bruch in einer geraden Linie – er ist oft der einzige Zugang zu einer Wirklichkeit, die nicht mehr in Konzepten wohnt. Was wir verlieren, verliert nicht an Bedeutung. Es verliert nur seine Form – und wird dadurch vielleicht zum ersten Mal wirklich. Das Heilige ist nicht das, was bleibt. Es ist das, was auftaucht, wenn alles andere verschwindet.

Diese Bewegung des Verlusts ist nicht dramatisch. Sie ist leise, zermürbend, subtil. Sie geschieht oft über Jahre hinweg, in kleinen Erosionen, nicht in einem grossen Schnitt. Ein Glaube beginnt zu bröckeln. Eine Hoffnung verblasst. Eine Vorstellung wird unhaltbar. Und der Mensch, der dies erlebt, fühlt sich nicht befreit, sondern heimatlos. Denn das, was ging, war nicht nur eine Idee – es war Halt. Es war Rahmen. Es war Deutung. Und nun, da es nicht mehr trägt, fällt nicht nur der Gedanke, sondern auch die Identität, die daran hing. Verlust ist nicht das Gegenteil von Besitz, sondern eine tiefere Art des Erkennens. Wer verliert, sieht. Nicht sofort.

Nicht ohne Schmerz. Aber irgendwann. Denn im Verschwinden entsteht ein neues Sehen. Ein Sehen ohne Linse. Ohne Absicht. Ohne Sicherung. Und dieses Sehen ist das Einzige, was das Heilige wirklich berührt. Weil es nicht mehr schaut, um zu erkennen. Sondern um zu bezeugen. Das Heilige erscheint dort, wo niemand mehr es sucht. Weil die Suche zu Ende ist – nicht aus Resignation, sondern aus innerer Entlassung. In einer Kultur, die vom Haben lebt, wirkt Verlust wie ein Defekt. Wer etwas verliert, gilt als gescheitert. Wer etwas aufgibt, als schwach. Doch gerade in diesen Momenten beginnt oft das, was kein Besitz je ermöglichen kann: eine Verwandlung, die still ist, unaufhaltsam, unausweichlich.

Der Verlust nimmt nicht nur das Objekt – er nimmt auch die Beziehung zum Objekt. Er zerschneidet nicht nur das Band – er verändert die Hand, die hielt. Und in dieser Leere, die entsteht, wenn man nichts mehr in der Hand hat, öffnet sich ein Raum, der vorher nicht betreten werden konnte. Der Mensch, der durch echten Verlust geht, begegnet keiner Theorie. Er begegnet sich selbst. Nicht dem Bild, das er hatte. Sondern dem Zustand, der darunter liegt. Und dieser Zustand ist oft rau, verletzlich, offen. Aber auch echt. Nichts mehr ist geschminkt. Kein Trost ist mehr wirksam. Keine Erklärung hält stand. Nur das, was bleibt, bleibt. Und oft ist das sehr wenig.

Doch dieses Wenige ist das Echte. Das, was nicht mehr fällt, weil es nicht mehr gehalten wird. Das, was nicht mehr beweisen muss, dass es da ist. Weil es nicht mehr gehen kann. Das Heilige, in diesem Kontext, ist kein Begriff. Es ist kein moralischer Massstab. Es ist kein Ort. Es ist der Zustand des Nichts-mehr-Wollens. Der Zustand des Nichts-mehr-Wissens. Der Moment, in dem man nicht mehr die Welt interpretiert, sondern sie endlich atmen lässt. Heilig wird nicht das, was strahlt. Heilig wird das, was bleibt, wenn alles andere geht. Und was bleibt, ist oft nicht viel – aber genug, um neu zu leben. Anders. Langsamer. Tiefer. In spirituellen Traditionen wird oft vom Loslassen gesprochen. Doch es ist eine romantisierte Vorstellung, dass wir Dinge freiwillig gehen lassen. In Wahrheit werden sie uns genommen. Nicht als Strafe. Sondern weil sie uns nicht mehr gehören. Weil wir gewachsen sind – oder weil wir nicht mehr wachsen konnten. Der Verlust ist also nicht das Ende. Er ist der Beginn einer Reife, die man sich nicht wählt, sondern die einem widerfährt. Eine Reife, die nicht glänzt, sondern atmet. Die nicht siegt, sondern versteht. Die nicht fordert, sondern sieht.

Der Moment des völligen Nichts ist ein Schock. Es ist der Punkt, an dem keine Geschichte mehr trägt. Keine Erklärung, keine Ideologie, kein Versprechen. Alles, was früher Struktur gab, löst sich auf. Und der Mensch steht nackt da. Ohne Deutung. Ohne Ziel. Ohne Licht. Doch genau an diesem Ort geschieht das, was kein System vorher leisten konnte: eine Begegnung mit dem Sein selbst. Nicht mit einem Bild von Sein. Nicht mit einer Idee. Sondern mit dem stillen Faktum: Ich bin. Jetzt. Ohne Grund. Und dieses Sein ist nicht heroisch. Es ist nicht spirituell erhöht. Es ist grundlegend. Elementar.

Körperlich. Es ist nicht erhebend – aber es trägt. Weil es nichts mehr braucht, um zu sein. Wer in diesem Zustand ankommt, erkennt: Das, was ich verloren habe, war nie wirklich meines. Es war geliehen. Für eine Zeit. Es hat mich geprägt, aber nicht definiert. Und nun darf es gehen. Und was bleibt, ist nicht leer – sondern bereit. Der Weg des Verlusts ist paradox: Je mehr wir verlieren, desto vollständiger werden wir. Nicht, weil das Verlieren gut wäre – sondern weil es das Einzige ist, was uns aus der Illusion der Kontrolle erlöst. Der Mensch, der nicht mehr besitzt, beginnt zu empfangen.

Der Mensch, der nicht mehr weiss, beginnt zu verstehen. Der Mensch, der nicht mehr glaubt, beginnt zu sehen. Und genau in dieser Umkehr, in dieser Umstülpung der inneren Bewegung, beginnt das Heilige, sich zu zeigen. Nicht als Objekt – sondern als Atmosphäre. Nicht als Überzeugung – sondern als Nähe. Es gibt einen Punkt, an dem der Verlust nicht mehr schmerzt, sondern still wird. An dem das Vermissen zu einer Form der Erinnerung wird, die nicht mehr zurück will. Sondern dankt. Nicht mit Worten. Sondern mit Gegenwart. Der Mensch, der wirklich verloren hat, verneigt sich nicht aus Schwäche. Sondern aus einem Wissen, das nicht mehr beweisen muss. Und in dieser Verneigung geschieht vielleicht zum ersten Mal so etwas wie Echtheit. Eine Echtheit, die nicht nach aussen zeigt. Sondern nach innen wirkt. Was das Heilige in dieser Tiefe bedeutet, ist nicht mehr fassbar. Es lässt sich nicht vermitteln.

Es lässt sich nur mittragen. Und diese Mittragefähigkeit ist das, was innere Reife ausmacht. Nicht das Wissen. Nicht die Antworten. Sondern die Bereitschaft, leer zu sein – und trotzdem dazubleiben. In einer Welt, die sich durch Haben definiert, ist das ein radikaler Akt. Und vielleicht der einzig wirklich heilige. Was bleibt, wenn alles geht? Es ist eine der Fragen, die nicht beantwortet werden können – nur gelebt. Und in diesem Leben der Frage beginnt eine neue Form von Wahrheit. Keine absolute. Keine gültige. Keine übertragbare. Sondern eine, die nur in diesem einen Leben, in diesem einen Körper, in dieser einen Erfahrung trägt. Das Heilige, das daraus wächst, ist nicht mehr referenzierbar. Es braucht keine Symbole, keine Rituale, keine Bücher. Es zeigt sich im Blick, im Atem, im Schweigen. Es ist unscheinbar. Aber unüberhörbar.

Vielleicht braucht Gott uns wirklich nicht. Aber vielleicht braucht das Leben genau diesen einen Punkt: den Punkt, an dem etwas in uns stirbt – damit etwas anderes erscheinen kann. Nicht weil wir es wollten. Sondern weil es nicht mehr anders ging. Und dieser Punkt ist der Verlust. Nicht als Strafe. Sondern als Übergang. Nicht als Schwäche. Sondern als Schwelle. Das Heilige ist nicht das, was glänzt – sondern das, was bleibt, wenn nichts mehr bleibt. Und vielleicht – nur vielleicht – ist das der einzige Weg, auf dem das wirklich Eigene geboren werden kann: im Dunkel, im Schweigen, im Verlassenwerden. Nicht durch Triumph. Sondern durch das stille Ja zum Nichts. Der Verlust als Weg. Nicht zur Erleuchtung. Sondern zur Wirklichkeit.

Notizen:

Kapitel 25: Das Ethos des Alleinseins

Warum niemand uns ersetzen kann.

Das Alleinsein ist nicht das Gegenteil von Beziehung, sondern ihre Bedingung. Es ist nicht die Strafe für einen Mangel an Verbindung, sondern die Grundlage, auf der jede echte Nähe erst möglich wird. Was oberflächlich wie ein Rückzug wirkt, wie ein Verlust an Kommunikation oder ein Ausstieg aus dem sozialen Netz, ist in Wahrheit oft der erste Schritt in die Wahrheit über sich selbst. Es ist jener Moment, in dem kein Spiegel mehr da ist – und das Gesicht, das man dann sieht, nicht mehr das der anderen, sondern das eigene ist. Nicht gefiltert durch ihre Erwartungen. Nicht verzerrt durch ihre Ängste. Sondern roh. Echt. Unvermeidbar.

Der Mensch, der allein ist, begegnet nicht nur sich selbst – er begegnet einer Stille, in der alle Geschichten zu zerfallen beginnen. Die Geschichten darüber, wer er ist, wer er sein sollte, was von ihm verlangt wurde, woran er geglaubt hat. In der Abwesenheit von Bezugspunkten beginnt das Ich sich neu zu setzen – nicht aus Freiheit, sondern aus Notwendigkeit. Denn es gibt niemanden mehr, der das Bild aufrechterhält. Kein Gegenüber, das antwortet. Kein System, das ordnet. Und in diesem Zustand wird deutlich, was übrig bleibt, wenn alles wegfällt: nicht Nichts, sondern das Eigene. Das Unvertretbare. Das Unverleihbare. Viele fliehen vor dieser Erfahrung. Zu brutal scheint die Leere, zu entlarvend die eigene Stimme, wenn sie nicht mehr im Chor untergeht. Doch wer bleibt – wer innerlich nicht flieht –, entdeckt ein Fundament, das nicht gebaut, sondern freigelegt wird. Eine Substanz, die nicht aus Worten, sondern aus Gewahrsein besteht. Und dieses Gewahrsein trägt – nicht laut, nicht sicher, aber echt. Es trägt, weil es nicht mehr von anderen abhängig ist. Weil es endlich nicht mehr lügt.

Niemand kann dich ersetzen – nicht aus Romantik, sondern aus Struktur. Dein Blick ist dein Blick. Deine Angst ist dein Schnitt durch die Welt. Dein Hoffen, dein Widerstand, dein stilles Wissen – alles ist unverwechselbar, nicht weil du besonders bist, sondern weil niemand durch genau deinen Leib, deine Geschichte, deine Wahrnehmung atmet. Diese Einzigartigkeit ist nicht das Ergebnis von Talent oder Besonderheit, sondern die Konsequenz des Lebendigseins selbst. Kein anderer kann an deiner Stelle hören, fühlen, entscheiden, verzeihen, zweifeln, glauben oder sterben. Und genau darin liegt das Ethos des Alleinseins: dass du nicht austauschbar bist. Dass du in jedem Raum eine nicht replizierbare Präsenz bist. Dass, wenn du schweigst, eine bestimmte Stille entsteht, die sonst nicht existieren würde. Diese Unvertretbarkeit ist keine Last.

Sie ist auch kein Stolz. Sie ist ein Faktum – eines, das Verantwortung ruft. Denn wenn niemand an deiner Stelle du sein kann, dann bedeutet das auch: Nur du kannst das verwirklichen, was durch dich in die Welt kommen will. Niemand sonst kann es für dich tun. Kein Lehrer, kein Freund, kein Gott. Nur du. Diese Erkenntnis ist fordernd. Sie nimmt dir die Ausrede, dich zu verstecken. Sie lässt dir keinen Raum für Delegation, wenn es um das Eigene geht. Du kannst dich nicht befreien, indem du dich anlehnst. Du kannst nicht erlöst werden, indem du dich auflöst. Das Alleinsein ist nicht das Ende der Beziehung – es ist ihr Ursprung. Wer sich selbst nicht tragen kann, wird auch in anderen nur Halt suchen, nicht Beziehung leben. Und wer sich selbst nicht erkennt, wird in der Liebe nur Spiegel fordern – keine Begegnung zulassen. Die Angst vor dem Alleinsein ist tief in uns verankert. Sie wurzelt nicht nur in sozialen Erfahrungen, sondern in einem evolutionären Gedächtnis, das Bindung mit Überleben gleichsetzt. Alleinsein wurde lange gleichgesetzt mit Ausgeschlossenheit, mit Gefahr, mit existenzieller Bedrohung. Doch in einer Welt, die nicht mehr nur biologisch, sondern auch seelisch existiert, bedeutet Alleinsein etwas anderes: Es ist nicht mehr das Risiko des Sterbens – es ist die Bedingung des Werdens.

Niemand wird ganz in der Bestätigung durch andere. Man wird ganz, indem man sich nicht mehr verwechselt – auch nicht mit den eigenen Vorstellungen von sich selbst. Der Prozess des Alleinseins ist nie abgeschlossen. Er beginnt immer wieder, oft dann, wenn man es am wenigsten erwartet. Ein Verlust. Eine Trennung. Ein Scheitern. Oder auch: ein innerer Ruf, der keine Erklärung erlaubt. Wer diesen Ruf ignoriert, wird auf Dauer fremd in sich. Wer ihm folgt, wird oft einsam – aber nicht leer. Denn in diesem Raum beginnt ein anderes Leben. Eines, das nicht mehr an Bedingungen hängt. Nicht an Anerkennung. Nicht an Zugehörigkeit. Nicht einmal an Sicherheit. Und das ist keine Theorie. Es ist ein psychologischer Weg, der durch Unsicherheit führt, durch das Loslassen von Bildern, durch das Verstummen von Automatismen. Es ist ein Weg, auf dem man sich nicht bessert – sondern sich aufhört zu vermeiden. Man wird nicht stärker, nicht besser, nicht vollkommener.

Man wird nur: wahr. Und diese Wahrheit ist still. Sie trägt keinen Namen. Aber sie hat Gewicht. Und wer sie lebt, beginnt zu ahnen, was es bedeutet, sich selbst wirklich zu gehören. Vielleicht braucht Gott uns nicht, weil er nichts von uns verlangt. Weil das, was göttlich ist, nicht fordert, sondern frei lässt. Und vielleicht ist genau das die eigentliche Zumutung: dass niemand uns retten wird. Dass niemand das übernimmt, was uns zutiefst selbst gehört. Kein Dogma, kein Prophet, kein System. Dass das Leben, so wie es durch uns will, nicht delegiert werden kann. Es ist diese Erfahrung radikaler Eigenverantwortung, die das Alleinsein so unbarmherzig und gleichzeitig so würdevoll macht. Denn wer in diesem Zustand nicht flieht, sondern bleibt, beginnt eine andere Form von innerer Freiheit zu erfahren. Nicht die Freiheit, alles zu tun. Sondern die Freiheit, nicht mehr vor sich selbst weglaufen zu müssen. Das Alleinsein zeigt dir, was du bist, wenn niemand mehr auf dich schaut. Wenn keine Rolle mehr bleibt. Wenn auch kein innerer Applaus mehr erklingt.

Und genau dort, wo nichts mehr dich hält, erkennst du: du selbst bist das, was trägt. Nicht weil du stark bist. Sondern weil du wirklich bist. Diese Wirklichkeit lässt sich nicht lehren. Sie lässt sich nicht vermitteln. Sie lässt sich nur leben. Und sie ist nie abgeschlossen. Denn jedes neue Werden bringt auch neues Alleinsein mit sich. Jeder Wandel fordert ein inneres Verlassen. Und jedes Wachstum geschieht durch das Aushalten einer neuen, noch unbekannten Leere. Wer das begreift, wird nicht hart. Sondern still.

Und diese Stille ist kein Rückzug. Sie ist eine Form von Gegenwart, die keinen Lärm mehr braucht, um echt zu sein. Am Ende bleibt nicht das Bild von dir, das andere sich gemacht haben. Es bleibt das, was du warst, wenn niemand dich sah. Es bleibt das, was durch dich in die Welt wollte – ungeachtet dessen, ob es verstanden wurde. Und das ist die Würde, die im Alleinsein wächst: dass du nicht ersetzt werden musst, um unersetzlich zu sein. Dass du nicht anerkannt werden musst, um wahr zu sein. Dass du nicht gehört werden musst, um gültig zu leben. Es reicht, dass du warst. Dass du da warst. In diesem Körper, in dieser Zeit, mit diesem Blick.

Vielleicht ist das Ethos des Alleinseins kein moralisches Ideal, sondern ein Akt der Aufrichtigkeit. Kein Heroismus, sondern ein stilles Einverständnis mit dem, was dich ausmacht. Und dieses Einverständnis lässt Raum. Raum für andere – ohne dich in ihnen zu verlieren. Raum für Nähe – ohne dich zu verschmelzen. Raum für Gott

– ohne ihn für dich zu brauchen. Denn wer sich selbst ganz ist, braucht nichts mehr, um vollständig zu wirken. Und vielleicht – in diesem einen Moment – ist genau das der Ort, an dem das, was grösser ist als wir, uns am nächsten kommt: Nicht als Ersatz. Sondern als Gegenwart, die nichts ersetzt. Weil sie nicht will, dass du jemand anders bist.

Notizen:

Notizen:

Kapitel 26: Wenn Stille spricht

Wie Sprache entsteht, wo Worte fehlen.

Es gibt Momente im Leben, in denen alle Sprache versagt. Nicht aus Mangel an Vokabular, nicht aus Unsicherheit oder Verlegenheit – sondern weil das, was erlebt wird, jenseits des Sagbaren liegt. Es sind Augenblicke, in denen etwas geschieht, das so tief, so existenziell, so unmittelbar ist, dass jedes Wort nur stören würde. Schmerz kann so sein. Trauer. Eine Ahnung von Wahrheit. Eine Erfahrung von Verbundenheit, die keiner Erklärung bedarf. Dann herrscht Stille. Nicht weil man nichts zu sagen hätte, sondern weil das, was da ist, sich nicht sagen lässt. Doch diese Stille ist nicht leer. Sie ist voller Bedeutung. Sie trägt etwas in sich, das mit Worten nicht beschreibbar ist, aber dennoch wirkt. Sie ist kein Schweigen aus Mangel, sondern eine Form der Präsenz, die ohne Form auskommt.

Und in dieser Formlosigkeit liegt eine andere Sprache verborgen – eine, die sich nicht über Lautäusserung, sondern über Gegenwärtigkeit mitteilt. Diese Sprache ist nicht konventionell. Sie hat keine Grammatik. Aber sie hat Wirkung. Wer ihr zuhört, hört nicht mehr die Welt – sondern das, was durch sie hindurch spricht. In der Tiefe dieser Stille wird deutlich, dass Worte oft nur Platzhalter sind. Stellvertreter für das, was wir nicht zu berühren wagen. Manchmal sind sie Mauern, manchmal Brücken, manchmal Nebel. Aber wenn die Worte fallen, zeigt sich das Unvermeidliche: Wir stehen nackt vor dem, was ist. Ohne Erklärung. Ohne Erzählung. Ohne Schutz. Und gerade darin liegt die Möglichkeit einer neuen Wahrhaftigkeit.

Denn was bleibt, wenn das Reden endet, ist nicht Leere – sondern ein Raum, in dem etwas Neues zu klingen beginnt. Kein Laut. Kein

Begriff. Sondern eine Art inneres Wissen, das keine Sprache braucht, um erkannt zu werden. Es ist ein Missverständnis zu glauben, dass Stille Abwesenheit von Kommunikation bedeutet. Die tiefsten Mitteilungen, die ein Mensch geben kann, sind oft still. Ein Blick, der hält. Eine Geste, die nicht performt. Ein Dasein, das nicht drängt. Diese Formen der Präsenz sprechen nicht in Wörtern, sondern in Schwingung. Sie sprechen durch den Körper, durch den Atem, durch das, was nicht gesagt wird – und genau darin liegt ihre Tiefe. Denn sie umgehen die Oberfläche. Sie sprechen direkt ins Unbewusste. In einer Welt, die von Sprache durchtränkt ist, wird diese Stille oft überhört. Alles muss erklärt, begründet, formuliert werden. Auch das Innerste wird in Sätze gezwängt, in Konzepte, in psychologische Begriffe. Doch was geschieht, wenn wir uns erlauben, nicht zu erklären? Wenn wir nicht sofort eine Bedeutung liefern, nicht sofort einordnen, nicht sofort reagieren?

Dann entsteht ein anderer Kontakt – nicht nur mit dem anderen, sondern mit sich selbst. Ein Kontakt, der nicht mehr vermittelt ist durch das Denken, sondern durch ein Sein, das unmittelbarer ist als jede Reflexion. Diese Stille ist keine Abwesenheit von Intelligenz. Im Gegenteil – sie ist eine radikale Form von Wachheit. Sie hört nicht, um zu antworten, sondern um zu erkennen. Sie nimmt nicht auf, um zu erwidern, sondern um zu empfangen. Und genau darin liegt ihre Kraft: Sie verlangsamt den Geist, sie entzieht sich der Verwertung, sie unterbricht das automatische Funktionieren. In dieser Unterbrechung entsteht Tiefe. Und aus dieser Tiefe kann eine Sprache geboren werden, die nicht aus Konzepten, sondern aus Wahrheit besteht. Wenn ein Mensch beginnt, aus der Stille heraus zu sprechen, verändert sich sein Klang. Nicht nur akustisch, sondern in der Tiefe seiner Wirkung. Er spricht nicht mehr, um zu überzeugen, zu beeindrucken, zu retten oder zu kontrollieren. Er spricht, weil etwas in ihm Form gefunden hat – nicht im Kopf, sondern im innersten Raum seiner Existenz. Diese Worte sind nicht schnell.

Sie sind nicht clever. Aber sie treffen. Weil sie aus einem Ort kommen, der sich nicht mehr verteidigt. Ein Ort, der nichts will. Der einfach da ist – und aus diesem Dasein heraus einen Klang formt. Solche Sprache ist selten. Sie entsteht nicht aus Techniken oder rhetorischen Fertigkeiten. Sie entsteht aus einer Form von Ehrlichkeit, die sich nicht mehr tarnt. Und genau deshalb ist sie so machtvoll. Nicht weil sie laut ist, sondern weil sie leer ist von Strategie. Nicht weil sie alles sagt, sondern weil sie nur das sagt, was gesagt werden muss. Sie spricht nicht, um zu füllen – sondern um etwas Raum zu geben, das sonst nicht erscheinen könnte. Vielleicht ist diese Form von Sprache das, was in alten Traditionen als „Wahr-Sprechen" bezeichnet wurde: nicht das richtige Wort, sondern das wahre Wort. Nicht das wohlgeformte, sondern das notwendige.

Und das setzt voraus, dass man die Stille nicht fürchtet. Dass man ihr nicht ausweicht. Dass man lernt, sie zu halten – auch wenn sie schmerzt. Denn erst in dieser Fähigkeit, nichts zu sagen, ohne sich zu verlieren, entsteht die Möglichkeit, etwas zu sagen, das wirklich trägt. Und vielleicht liegt genau darin der Unterschied zwischen Sprache und Rede: Die Rede will etwas erreichen. Die Sprache, die aus Stille geboren wird, will nichts – und erreicht genau deshalb das Wesentliche. Auch im spirituellen Raum ist viel geredet worden. Über Gott, über das Absolute, über Sinn und Ziel. Bücher wurden geschrieben, Lehren formuliert, Begriffe geschaffen, Rituale entworfen. Doch das Göttliche selbst – sofern es sich überhaupt äussert – hat nie in Sprache gesprochen. Es hat gewirkt. In der Tiefe.

In der Wandlung. In der Stille. Vielleicht ist Gott gerade deshalb so schwer fassbar: weil er nichts sagt. Und weil in diesem Nichts das

Entscheidende liegt. Die grossen Momente innerer Erkenntnis sind fast immer sprachlos. Wenn etwas wirklich durchdringt – eine Wahrheit, eine Einsicht, ein Erwachen –, dann ist da keine Formulierung. Da ist nur ein stilles Wissen. Ein „Jetzt ist es klar" ohne Worte. Dieses Wissen ist nicht analytisch. Es ist auch nicht emotional im üblichen Sinn. Es ist wie ein plötzliches Sehen – nicht mit den Augen, sondern mit etwas Tieferem. Und jedes Mal, wenn man versucht, es in Worte zu fassen, spürt man: Es geht verloren.

Es verformt sich. Es entgleitet. Aber das bedeutet nicht, dass wir verstummen müssen. Es bedeutet nur, dass wir lernen müssen, aus einer anderen Quelle zu sprechen. Einer Quelle, die nicht im Willen liegt, sondern in der Resonanz. In der Fähigkeit, mit dem Unaussprechlichen in Beziehung zu treten, ohne es zu verraten. Vielleicht beginnt genau hier eine neue Form von Sprache: nicht als Transportmittel für Informationen, sondern als Ausdruck dessen, was in der Stille gereift ist. Es braucht Mut, zu schweigen. In einer Welt, die ständig fordert, dass man sich zeigt, dass man sich erklärt, dass man teilnimmt, bedeutet Stille oft Rückzug. Doch vielleicht ist sie kein Rückzug, sondern ein Zugang. Ein Zugang zu einer Tiefe, die nur betretbar ist, wenn man die Oberfläche verlässt. Und wenn man aus dieser Tiefe zurückkehrt – sei es in einem Gespräch, in einem Text, in einem Blick –, dann bringt man etwas mit, das nicht erfunden ist. Etwas, das nicht gemacht wurde, sondern geschehen ist. Diese Sprache – geboren aus Stille – ist nicht spektakulär.

Sie macht keine Schlagzeilen. Aber sie verändert. Weil sie aus einem Ort kommt, an dem kein Spiel mehr gespielt wird. Sie ist ernst, aber nicht schwer. Einfach, aber nicht banal. Leise, aber nicht schwach. Und sie berührt nicht nur den Verstand, sondern das, was tiefer liegt: das Unverfügbare im Menschen, das, was sich sehnt, erkannt zu werden, ohne je ganz benannt werden zu können.

Vielleicht braucht Gott unsere Worte nicht, weil die Wahrheit nicht im Sagen liegt, sondern im Sein. Und vielleicht ist das höchste Mass an Sprache nicht das gesprochene Wort, sondern die Stille, aus der es geboren wurde – und in die es wieder zurückfallen darf. Denn wo Worte fehlen, beginnt die Sprache, die nicht aus dem Mund, sondern aus der Tiefe kommt. Und wer ihr lauscht, hört mehr als Inhalte. Er hört das Leben selbst – in einer Frequenz, die nicht laut ist, aber klar. Und genau dort, wo keine Worte mehr sind, beginnt das Verstehen, das keine Sprache mehr braucht.

Notizen:

Notizen:

Kapitel 27: Die Kunst, niemand zu sein

Warum unser Wert nicht im Bild liegt.

Es ist ein leiser, aber mächtiger Zwang, der die Moderne durchdringt: der Zwang, jemand zu sein. Nicht einfach zu existieren, sondern sich darzustellen, sich zu erklären, sich zu beweisen. Das Ich ist längst kein blosser Träger von Bewusstsein mehr – es ist zum Projekt geworden. Zu einem permanenten Werden, zu einer Arbeit am Selbst. Und dieses Selbst hat ein Bild. Es hat eine Oberfläche, eine Ästhetik, eine Geschichte, die erzählt und wiederholt und optimiert wird. So wird aus dem Sein ein Konstrukt. Und aus dem Menschen ein Echo seiner Darstellung. Doch was geschieht, wenn man aufhört, dieses Bild zu nähren? Wenn man aufhört, jemand zu sein? Wenn man sich erlaubt, einfach zu existieren – ohne Etikett, ohne Rolle, ohne Erklärung? Dann tritt etwas in Erscheinung, das nicht gestaltet ist, sondern wirklich. Nicht laut, aber tief.

Nicht bewundert, aber wahr. Das „Niemandsein", das so viele fürchten, ist kein Verlust. Es ist eine Rückkehr. Eine Rückkehr zu einem inneren Zustand, der nicht von aussen definiert wird. Und genau darin liegt eine ungeheure Befreiung: Denn wo kein Bild ist, kann auch nichts zerbrechen. In der Tiefe der menschlichen Psyche gibt es einen Ort, an dem das Bedürfnis nach Anerkennung aufhört. Nicht weil es unterdrückt wurde, sondern weil es durchschaut wurde. Dort endet das Spiel der Identität. Die Frage „Wer bin ich?" verwandelt sich in ein stilles Wissen: dass ich nicht das bin, was ich zeige. Und auch nicht das, was andere in mir sehen. Sondern etwas Unverfügbares, das sich nicht in Begriffen einfangen lässt. Vielleicht ist dieses Unverfügbare der Ort, an dem der Mensch mit dem Göttlichen berührt ist – nicht als Figur, nicht als Funktion, sondern als Wesen, das nicht sichtbar sein muss, um wirklich zu sein. Das Streben nach Sichtbarkeit ist zu einer neuen Form von Spiritualität geworden – einer säkularen Religion des Selbst. In sozialen Medien, in Karrieren, in Beziehungen, ja selbst in der Therapie:

Überall geht es darum, sich zu zeigen, sich zu positionieren, sich zu differenzieren. Doch was, wenn der Mensch nicht in dem sichtbar wird, was er darstellt – sondern gerade in dem, was er nicht mehr zeigen muss? Die wahre Tiefe des Selbst liegt nicht im Profil, sondern im Schatten, den es wirft, wenn es nicht mehr beleuchtet werden will. Psychologisch betrachtet ist dieses Streben nach Identität eine Reaktion auf Angst. Die Angst, nicht zu existieren, wenn man nicht definiert ist. Die Angst, zu verschwinden, wenn man sich nicht ständig neu behauptet. Doch diese Angst ist trügerisch. Denn sie übersieht, dass das Eigentliche im Menschen nicht verloren gehen kann – gerade weil es niemals vollständig „gefunden" wurde.

Es ist das, was immer schon da war, bevor das Ich sich formte. Es ist das Bewusstsein selbst, nicht dessen Inhalt. In der Tiefe der therapeutischen Arbeit wird oft sichtbar: Heilung beginnt nicht dort, wo man mehr über sich weiss, sondern dort, wo man aufhört, sich ständig erklären zu müssen. Die Konstruktion des Ichs kann helfen, sich in der Welt zu orientieren. Aber sie wird zum Gefängnis, wenn man glaubt, sie sei alles. Die Kunst, niemand zu sein, ist daher kein Rückschritt, sondern ein Durchbruch. Ein Loslassen der Fassade – nicht aus Resignation, sondern aus Erkenntnis: dass das Eigentliche sich nur zeigt, wenn das Bild aufhört, uns im Blick zu halten.

Es ist ein Wagnis, sich dem Bildlosen zu stellen. Denn dort, wo kein Bild mehr ist, fehlt auch der Halt. Kein Lob, keine Zustimmung, keine Orientierung durch Spiegelung. Nur Stille. Nur Gegenwart. Und doch liegt gerade in dieser Leere eine tiefe Form von Würde.

Sie speist sich nicht aus der Bewertung durch andere, sondern aus der Unbestechlichkeit dessen, was einfach da ist. Ein Mensch, der niemand mehr sein muss, beginnt, sich anders zu bewegen. Langsamer vielleicht. Unauffälliger. Aber mit einer Präsenz, die nicht mehr geborgt ist. Diese Präsenz hat nichts Heroisches. Sie ist nicht spektakulär. Sie wird nicht zitiert, nicht gefeiert, nicht gesammelt. Und gerade deshalb wirkt sie. Weil sie nicht will. Weil sie nicht glänzt. Weil sie nicht über sich selbst spricht. In einer Gesellschaft, die das Bild über das Wesen stellt, ist das fast eine radikale Geste: sich zu entziehen. Nicht als Flucht – sondern als Form von Reife. Als Entscheidung, sich nicht mehr über die Resonanz zu definieren, sondern über das stille Einverstandensein mit sich selbst. Wer niemand mehr sein muss, hört auf, sich ständig zu vergleichen. Hört auf, in Konkurrenz zu denken. Hört auf, sich beweisen zu wollen. Und in diesem Aufhören geschieht etwas Erstaunliches: Die Energie, die vorher in das Bild floss, wird frei. Frei für das Eigentliche.

Für das Sehen. Für das Fühlen. Für das Leben selbst. Vielleicht liegt genau darin der spirituelle Kern des Menschseins: nicht in der Erhöhung des Selbst, sondern in seiner Durchlässigkeit. In der Fähigkeit, durch sich hindurch das zu lassen, was grösser ist als jedes Bild. Gott braucht uns nicht – und auch nicht unser Bild. Wenn es einen göttlichen Blick gibt, dann ist er keiner, der bewertet. Keiner, der vergleicht, ehrt, belohnt oder herabsetzt. Er ist ein Blick, der sieht – jenseits von Form. Jenseits von Erfolg. Jenseits von Scheitern. Und vielleicht ist es dieser Blick, der uns am meisten beunruhigt: ein Blick, dem man nichts vormachen kann. Vor dem alle Fassaden durchlässig werden. Ein Blick, der nicht urteilt – und gerade dadurch alles sieht, was wir selbst nicht zu sehen wagen. In der Mystik vieler Traditionen findet sich ein Moment des völligen Aufgebens der eigenen Identität. Ein Moment, in dem der Mensch sich selbst verliert – und gerade dadurch erfährt, was bleibt. Nicht als Idee, sondern als Erfahrung. Diese Erfahrung ist nicht leicht. Sie ist keine Ekstase, kein emotionaler Höhenflug. Sie ist oft ein Erzittern.

Eine Konfrontation mit dem Nichts. Mit dem Schweigen Gottes. Mit dem Ende der eigenen Geschichten. Und doch berichten jene, die hindurchgehen, von einer neuen Form von Freiheit. Einer Freiheit, die nicht darin besteht, alles zu können, sondern nichts mehr sein zu müssen. Das Bild, das wir von uns tragen, schützt uns. Aber es begrenzt uns auch. Es definiert, was wir glauben zu sein – und was wir nicht sein dürfen. Es schliesst aus, was nicht passt. Es konstruiert eine Kohärenz, die oft teuer erkauft ist: mit Selbstverleugnung, mit innerer Spaltung, mit Angst vor dem Kontrollverlust. Doch das Bild muss fallen, wenn etwas Tieferes erscheinen soll. Und dieses Fallen ist nicht das Ende – sondern der Anfang. Nicht das Versagen – sondern die Wahrheit, die sich endlich zeigen darf.

Niemand zu sein, heisst nicht, nichts zu sein. Im Gegenteil: Es bedeutet, Platz zu machen für das, was nicht ins Bild passt – aber das Eigentliche ist. Die Sanftheit, die man sich nie erlaubt hat. Die Verletzlichkeit, die man stets verborgen hielt. Die Tiefe, die keine Worte braucht. Das Staunen, das man verlernt hatte. Es bedeutet, in sich zu ruhen, ohne sich erklären zu müssen. Sich zu zeigen, ohne sich zu präsentieren. Da zu sein, ohne sich zu inszenieren. In einer Welt, die ständig ruft: „Sei jemand!", ist die Antwort: „Ich bin." vielleicht die radikalste. Nicht mehr. Nicht weniger. Keine Geschichte. Kein Konzept. Nur Gegenwart. Und diese Gegenwart ist nicht leer.

Sie ist erfüllt – nicht von Bedeutung, sondern von Sein. Von einem Dasein, das nichts beweisen will. Das sich nicht messen lässt. Und das sich gerade dadurch als wahr erweist. Vielleicht ist es genau das, was Gott meint, wenn er nicht spricht: Dass unser Wert nicht im Bild liegt, sondern im blossen Da-Sein. Dass niemand uns ersetzen kann – gerade weil wir niemand sein müssen. Dass der Weg nicht darin liegt, uns zu erfinden, sondern zu verlernen, was wir über uns dachten. Dass das Heilige nicht dort beginnt, wo wir besonders sind – sondern dort, wo wir einfach sind. Und dass dieses einfache Sein die grösste Form von Wahrheit ist, die ein Mensch ertragen – und bewohnen – kann.

Notizen:

Notizen:

Kapitel 28: Die Würde des Unwissens

Warum wir nicht wissen müssen, um ganz zu sein.

Es gibt einen Punkt im Leben, an dem die Suche nach Antworten nicht mehr aus Sehnsucht entsteht, sondern aus Unruhe. Man fragt nicht mehr, um zu verstehen – man fragt, um zu beruhigen. Man recherchiert, spekuliert, deutet, analysiert, nur um den Druck des Ungewissen zu vermeiden. Dabei verlernt man, im Raum des Nichtwissens zu verweilen. Man verlernt das Aushalten der Lücke, das Vertrauen in das Unfertige. Und vielleicht auch das Demütige: dass es nicht die Antwort ist, die uns ganz macht, sondern die innere Bereitschaft, ihr nicht zu bedürfen. Das Wissen hat in unserer Zeit einen fast religiösen Rang erhalten. Wer etwas weiss, hat Autorität.

Wer etwas erklären kann, gilt als sicher. Und doch ist vieles, was wir zu wissen glauben, nur ein Schutzmechanismus. Es schützt uns vor der Konfrontation mit unserer Ohnmacht, mit der Begrenztheit unseres Verstandes, mit der Tiefe unserer Fragen. Nicht weil die Antworten fehlen, sondern weil die Wirklichkeit selbst grösser ist als jede Antwort. Und vielleicht ist es an der Zeit, diese Begrenzung nicht als Mangel zu betrachten, sondern als Ausdruck einer Würde, die nichts braucht, um sich zu rechtfertigen. Das Nichtwissen ist kein Defizit. Es ist eine Form des Respekts. Es ist der Raum, den man offen lässt, weil man spürt, dass er nicht geschlossen werden sollte. Nicht aus Ignoranz, sondern aus Achtung vor der Tiefe, vor dem Geheimnis, vor dem, was sich dem Zugriff entzieht. In der Psychologie spricht man oft vom „Nichtwissen des Therapeuten" – nicht als Unfähigkeit, sondern als Haltung. Als bewusste Entscheidung, nicht zu deuten, nicht zu interpretieren, nicht zu überstülpen, was nicht verstanden werden will. Diese Haltung verlangt

Mut. Denn sie bedeutet, in der Unsicherheit zu stehen und sie nicht reflexhaft mit Gewissheiten zu bedecken. Vielleicht ist auch der Mensch in seinem Innersten kein Rätsel, das gelöst werden will, sondern eine Tiefe, die bewohnt werden möchte – gerade weil sie unergründlich bleibt. Und vielleicht liegt darin die eigentliche Würde des Menschseins: nicht alles wissen zu müssen, um ganz zu sein. Sondern im Unwissen zu ruhen, ohne sich zu verlieren.

Die moderne Vernunft ist rastlos. Sie will verstehen, zerlegen, messen, benennen. Sie möchte die Welt in Begriffen fassen, das Unbestimmte in Daten verwandeln, das Offene schliessen. Doch was, wenn dieses Streben selbst eine tieferliegende Angst verbirgt? Die Angst, dass das Leben keine feste Ordnung hat, dass es kein Skript gibt, das wir lediglich zu entschlüsseln brauchen. Die Angst, dass am Ursprung nicht ein Plan steht, sondern eine Offenheit – eine Realität, die sich nicht katalogisieren lässt, sondern sich nur zeigt, wenn man aufhört, sie zu greifen. In dieser Offenheit liegt etwas zutiefst Beunruhigendes – und zugleich Befreiendes. Denn sie hebt die Unterscheidung zwischen richtig und falsch, zwischen Wissendem und Unwissendem auf. Wer sich dem Nichtwissen anvertraut, erkennt: Die Wirklichkeit stellt keine Prüfungsfrage. Sie ist nicht dazu da, beantwortet zu werden. Sie ist einfach. Und sie wirkt – auch ohne verstanden zu werden. Vielleicht sogar gerade dann.

Es ist kein Zufall, dass die tiefsten Momente des Lebens – Geburt, Tod, Liebe, Verlust, Verwandlung – nicht in Begriffe passen. Sie entziehen sich der Sprache, weil sie grösser sind als ihre Umrisse. Und der Versuch, sie vollständig zu erklären, verkleinert sie. Macht sie handhabbar, aber auch bedeutungslos. Das Unwissen ehrt diese Momente, weil es ihnen Raum gibt. Es macht sie nicht verfügbar – und bewahrt sie so vor dem Missbrauch der Vereindeutigung. Auch die Spiritualität beginnt dort, wo das Wissen endet. Nicht in der

Lehre, nicht in der Doktrin, nicht in den Dogmen, sondern im Schweigen. In der Demut, dass der Mensch nicht der Massstab der Dinge ist. Dass er empfangen darf, ohne zu besitzen. Dass er atmen darf, ohne zu verstehen. Das Unwissen ist nicht Leere – es ist Tiefe.

Und diese Tiefe ist keine Bedrohung, sondern ein Ursprung. Ein Ort, an dem der Mensch sich nicht verliert, sondern sich zum ersten Mal wirklich spürt. In der Tiefe der therapeutischen Beziehung geschieht oft etwas Paradoxes: Die heilsamsten Augenblicke sind nicht die, in denen etwas erklärt oder verstanden wird – sondern jene, in denen das Unerklärliche stehen bleiben darf. Wenn ein Mensch erlebt, dass sein Schmerz nicht sofort eingeordnet, seine Geschichte nicht analysiert, sein Erleben nicht umgedeutet wird, entsteht Raum. Ein innerer Raum, in dem das, was er trägt, zum ersten Mal atmen kann. Und dieser Raum ist kein Raum des Wissens, sondern ein Raum des Haltens. Der Mensch will nicht immer verstanden werden. Manchmal will er einfach bestehen dürfen – mit allem, was in ihm ist, auch wenn es keinen Namen trägt.

Die Psychoanalyse hat das Unbewusste entdeckt, aber sie hat es zugleich zu einem Terrain gemacht, das kartografiert werden muss. Doch was, wenn das Unbewusste kein dunkler Speicher ist, sondern ein lebendiger Ozean, der sich nicht erforschen lässt, ohne ihn zu zerstören? Was, wenn der Mensch im Innersten nicht entschlüsselt, sondern gespürt werden will – ohne Anspruch auf vollständige Erkenntnis? Das Nichtwissen wird zur Würde, wenn es nicht als Scheitern, sondern als Bewusstsein der eigenen Grenze erlebt wird. Wenn jemand sagt: „Ich weiss es nicht“, und nicht an sich zu zweifeln beginnt, sondern sich gerade dadurch in einem grösseren Zusammenhang begreift. Es ist der Moment, in dem sich der Mensch nicht mehr über sein Wissen definiert, sondern über seine Haltung zum Ungewissen. Und diese Haltung ist nicht Unsicherheit

– sondern Reife. Nicht Schwäche – sondern Stärke. Sie ist der stille Mut, sich der Tiefe auszusetzen, ohne sie besitzen zu wollen. Inmitten einer Welt, die pausenlos behauptet, auf alles eine Antwort zu haben, wirkt das Schweigen des Unwissenden wie ein Skandal. Doch vielleicht ist es das einzige wahrhaft Menschliche, das geblieben ist: nicht alles wissen zu müssen, um alles empfinden zu können. Und vielleicht beginnt genau dort ein anderes Verständnis von Intelligenz – eine Intelligenz, die nicht in der Menge der Fakten liegt, sondern in der Fähigkeit, sich der Wirklichkeit still zu überlassen. Es gibt einen Moment, in dem jede Erklärung verstummt.

Vielleicht ist es der Moment am Grab eines geliebten Menschen, vielleicht der Augenblick vor einer Entscheidung, deren Tragweite nicht abzusehen ist. Vielleicht ist es der Blick in die Augen eines Kindes, das einen fragt, warum Menschen sterben. Oder die innere Leere nach einem Zusammenbruch, in dem alle Sicherheiten zerbröckelt sind. In diesen Momenten wird sichtbar: Das Leben fragt nicht, ob wir es verstanden haben. Es fragt nur, ob wir anwesend sind. Das Unwissen ist kein Zustand der Dummheit. Es ist keine Lücke, die gestopft werden muss. Es ist ein Ort der Wahrhaftigkeit. Dort, wo der Mensch sagt: „Ich weiss nicht, was kommen wird.

Ich weiss nicht, warum es so ist. Ich weiss nicht, wie es weitergeht." – und dennoch bleibt. Bleibt im Gespräch, im Fühlen, im Dasein. Dieses Bleiben ist keine Passivität. Es ist eine Form von tiefem Vertrauen: dass das Leben trägt, auch wenn es nicht erklärt werden kann. Dass Sinn nicht immer erkannt werden muss, um zu wirken. In der Mystik spricht man von der „Wolke des Nichtwissens" – einem geistigen Zustand, in dem man Gott nicht erkennt, sondern erfährt. Nicht durch Begriffe, sondern durch Gegenwart. Nicht durch Denken, sondern durch Sein. Und dieser Zustand ist keine Flucht aus der Welt, sondern eine Rückkehr in sie – mit geöffnetem

Herzen, mit gelöster Stirn, mit leeren Händen. Er ist keine Antwort auf die Frage nach dem Sinn – sondern eine Umwandlung der Frage selbst. Vielleicht liegt im Nichtwissen eine andere Art von Licht.

Kein Scheinwerfer, der alles sichtbar macht, sondern ein Leuchten, das aus dem Inneren kommt. Eine Helligkeit, die nicht blendet, sondern wärmt. Und die den Menschen daran erinnert, dass er nicht zum Herrscher seiner Realität geworden ist, sondern zum Zeugen. Zum Mitfühlenden. Zum Fragenden. Und dass diese Rolle nicht geringer ist als jede Gewissheit – sondern vielleicht die höchste Form von Reife, die ein Mensch erreichen kann. Es gibt einen Unterschied zwischen demjenigen, der nicht weiss, weil er sich nicht kümmert – und dem, der nicht weiss, weil er sich vertieft. Der eine meidet Tiefe aus Gleichgültigkeit. Der andere erreicht sie, indem er aufhört, sie benennen zu wollen. Dieser zweite Mensch ist kein Narr, kein Träumer, kein Weltflüchtiger. Er ist jemand, der erkannt hat, dass der menschliche Verstand ein Werkzeug ist, nicht ein Richter. Dass es Dimensionen gibt, in denen der Versuch des Verstehens das Eigentliche verstellt. Dass Wahrheit manchmal gerade dort zu wirken beginnt, wo man sie nicht mehr definieren will.

In einer Welt, die auf Verfügbarkeit und Kontrolle beruht, erscheint das Unwissen wie ein Fehler im System. Es wirkt gefährlich – so wie alles, was nicht planbar ist. Doch genau diese Unplanbarkeit ist die Matrix des Lebendigen. Leben ist kein Produkt. Es ist keine Rechenoperation. Es ist ein offener Prozess. Und der Mensch, der das Nichtwissen in sich zulässt, wird nicht unsicherer – er wird freier. Denn er muss nichts mehr verteidigen. Kein Weltbild, kein Konzept, kein Ich. Er darf einfach anwesend sein – ohne zu erklären, warum. In dieser Freiheit liegt auch ein ethisches Moment. Wer weiss, dass er nicht alles weiss, urteilt weniger. Wer sich seiner Grenzen bewusst ist, verletzt seltener. Wer im Unwissen ruht, spricht vorsichtiger, handelt weicher, liebt tiefer. Weil er nicht mit Lösungen kommt, sondern mit einem offenen Herzen. Weil er nicht über den anderen steht, sondern neben ihm sitzt – im selben Staunen, in derselben Unsicherheit, in derselben Demut. Und vielleicht ist diese Art der Präsenz heilsamer als jede Antwort, die man geben könnte. Wenn Gott uns nicht braucht, so heisst das nicht, dass wir bedeutungslos sind. Es heisst vielmehr, dass unsere Bedeutung nicht davon abhängt, ob wir alles verstehen. Sondern davon, wie wir im Unverstandenen stehen. Ob wir uns dort verlieren – oder dort gefunden werden. Ob wir dort flüchten – oder dort still werden. Das Unwissen ist kein Loch, das gestopft werden muss. Es ist eine Tür. Eine Tür, die nicht nach aussen führt, sondern nach innen. Und wer sie durchschreitet, erkennt: Dass es einen Ort gibt, an dem man nicht mehr wissen muss, um vollständig zu sein. Nur noch da sein.

Notizen:

Notizen:

Kapitel 29: Der Trost der Leere

Warum Fülle nicht immer sichtbar ist.

Es gibt Räume in uns, die nicht gefüllt werden wollen. Keine Stimme erreicht sie, kein Licht scheint hinein, kein Gedanke bindet sie an eine Form. Diese Räume sind leer, aber nicht tot. Sie sind unberührt, aber nicht vergessen. Sie atmen in einer Tiefe, die sich der Sprache entzieht, weil sie älter ist als jedes Wort. Und doch ist die Welt, in der wir leben, süchtig nach Fülle. Nach Inhalt, nach Bewegung, nach Erklärung. Die Leere gilt als Mangel – als Fehler im System. Als etwas, das beseitigt, bekämpft, umgangen werden muss. Und genau deshalb verlieren wir ihre Bedeutung: weil wir verlernt haben, was sie uns sagen will, wenn wir in ihr bleiben. Die Leere ist nicht leer. Sie ist ein Spiegel. Ein stilles Gefäss, das nicht zeigt, was wir haben, sondern was wir sind, wenn wir nichts mehr haben. Sie enthüllt nicht das, was wir darstellen, sondern das, was in uns übrig bleibt, wenn alle Rollen abgelegt, alle Funktionen beendet, alle Erwartungen verstummt sind. In ihr erscheinen wir nicht – wir begegnen uns. Ohne Maske, ohne Aufgabe, ohne Geschichte.

Und vielleicht ist genau das der Grund, warum die Leere so gefürchtet wird: Weil sie uns mit einer Wahrheit konfrontiert, die nicht dekorierbar ist. Viele Menschen füllen ihr Leben mit Dingen, nur um die innere Leere nicht spüren zu müssen. Beschäftigung, Unterhaltung, Selbstoptimierung – alles als Versuch, das Gefühl zu vermeiden, nichts zu sein. Doch dieses Nichts ist kein Feind. Es ist ein Ursprung. Ein Raum vor der Identität, vor der Bedeutung, vor dem Narrativ. Die alten Mystiker nannten diesen Zustand „die dunkle Nacht der Seele“ – nicht weil sie finster war, sondern weil sie alles blendende Licht der Illusion tilgte. Was bleibt, ist nicht

Verzweiflung. Was bleibt, ist Stille. Und in dieser Stille beginnt etwas zu wirken, das zuvor keine Stimme hatte: eine Wahrheit ohne Form, eine Würde ohne Glanz, eine Liebe ohne Beweis. Die Leere tröstet nicht, indem sie etwas gibt. Sie tröstet, weil sie nichts verlangt. Sie urteilt nicht, sie fragt nicht, sie fordert nicht.

Sie nimmt auf – ohne zu definieren. Und darin liegt ihre Kraft. Denn in einer Welt, in der alles bewertet wird, ist der Ort, an dem nichts gemessen wird, ein Heiligtum. Die Leere ist ein sakraler Raum, weil sie nicht benutzt werden kann. Und wer sich in ihr niederlässt, begegnet nicht dem Nichts – sondern der Möglichkeit, neu zu sein. Die Angst vor der Leere ist oft keine Angst vor dem Nichts – sie ist die Angst vor der Wahrheit. Denn in der Leere fällt alles ab, was wir uns über uns selbst erzählen. Der Erfolg zählt dort nicht. Die Bildung, der Besitz, die biografische Heldenerzählung – all das wird still. Und mit einem Mal ist da nur noch ein Blick. Ein leiser Blick in sich selbst, ohne Dekoration, ohne Publikum. Und dieser Blick ist radikal. Er ist ehrlich. Er ist ernüchternd und zugleich befreiend.

Denn wer die Leere nicht mehr fürchtet, muss sich nicht mehr beweisen. Vielleicht ist das, was wir Leere nennen, nicht das Fehlen von Bedeutung, sondern das Ende der Ablenkung. Ein Zustand, in dem das Leben nicht mehr zugerichtet ist auf ein Ziel, sondern einfach geschieht. In der Leere zeigt sich, dass vieles, was wir für wesentlich hielten, nur Geräusch war. Das Denken, das sich pausenlos in Bewegung hält, um sich nicht selbst zu begegnen. Das Streben, das keine Ruhe kennt, weil es ohne Bewegung sich bedeutungslos fühlt. Doch in Wahrheit entsteht Bedeutung nicht aus Aktion – sondern aus Präsenz. Und diese Präsenz wächst, wo die Bewegung endet. Ein Kind braucht keine Leistung, um bedeutungsvoll zu sein. Es atmet, es blickt, es schläft – und berührt mit einer Tiefe, die kein Erfolg je ersetzen kann. Und vielleicht ist genau diese kindliche

Präsenz in uns verschüttet worden durch die Logik des ständigen Tuns. Wir haben die Leere mit Aufgaben belegt, damit sie uns nicht erinnert an das, was uns einst genügte: einfach zu sein. Ohne Ziel.

Ohne Bild. Ohne Publikum. Und in diesem einfachen Sein liegt keine Naivität – sondern eine Weisheit, die sich jeder Analyse entzieht. Die Psychologie kennt das Phänomen der inneren Leere als Krisensymptom. Doch nicht jede Leere ist ein Ausdruck von Not. Manchmal ist sie ein Ruf zur Rückkehr. Eine Einladung, aus der äusseren Geschäftigkeit zurückzukehren in ein Selbst, das nicht laut, aber wahr ist. Und dort, wo der Mensch diese Rückkehr wagt, geschieht Transformation. Nicht als dramatischer Umbruch, sondern als leiser Stillstand, aus dem neues Leben wächst – nicht gemacht, sondern geboren. Nicht geplant, sondern zugelassen. In den Zwischenräumen unseres Daseins – den Pausen zwischen Entscheidungen, den leeren Stunden nach dem Verlust, den stillen Minuten vor einem Neuanfang – liegt etwas, das wir selten bewusst betreten: die Möglichkeit, ganz da zu sein ohne Funktion. Diese Räume sind unproduktiv. Sie bringen kein Resultat hervor, sie lassen sich nicht messen, nicht vorzeigen. Und doch ist es oft gerade dort, wo sich ein Mensch zum ersten Mal spürt – nicht als Rolle, sondern als Wesen. Die Leere bietet keine Antworten, aber sie erlaubt eine andere Form des Verstehens: nicht logisch, sondern existenziell.

Was wir in der Leere erfahren, ist nicht leer. Es ist der Grund, auf dem alles steht. In einem leeren Raum hört man Geräusche, die sonst übertönt werden. In einem leeren Kalender entdeckt man die Zeit wieder. In einem leeren Blick spiegelt sich das, was nicht ausgesprochen werden kann. Die Leere hat kein Konzept, aber sie hat Wirkung. Sie heilt nicht, indem sie löst, sondern indem sie nichts verlangt. Ihre Kraft liegt nicht im Tun, sondern im Dasein. Und dieses Dasein ist keine Untätigkeit – es ist die tiefste Form von Leben, wenn man ihr standhält. Denn es ist nicht leicht, in der Leere zu bleiben. Der Impuls, etwas hineinzugeben – Gedanken, Pläne, Erklärungen – ist stark. Doch wer bleibt, erlebt etwas Seltenes: das Verstummen des inneren Kommentars. Den Rückzug der ständigen Bewertung. Das Aufhören der Selbstvergleiche. Und in diesem Verstummen entsteht nicht Leere, sondern Stille. Und diese Stille ist kein Mangel, sondern eine Präsenz, die feiner, sanfter, tragender ist als jede Lautstärke. Wenn ein Mensch in der Leere verweilt, beginnt sich etwas in ihm zu verschieben. Die Orientierung dreht sich nicht mehr um das Aussen, sondern um das Innen.

Nicht mehr darum, was gesehen wird, sondern was gesehen wird, ohne dass es gesehen werden muss. Diese unsichtbare Ebene des Daseins ist die Quelle dessen, was man früher Seele nannte – nicht als metaphysisches Konstrukt, sondern als die tiefe, stille Mitte, in der der Mensch nicht erklärt, sondern gemeint ist. Und diese Mitte wird nicht gefunden, indem man nach ihr sucht – sondern indem man aufhört zu fliehen. Der Mensch, der die Leere nicht mehr fürchtet, verändert sich. Nicht in seiner Erscheinung, nicht in seiner Rede, nicht in seinem Lebenslauf. Sondern in seiner Tiefe. Er wird langsamer – nicht aus Trägheit, sondern aus Achtsamkeit.

Er hört feiner – nicht aus Misstrauen, sondern aus Mitgefühl. Und er antwortet seltener – nicht aus Schweigen, sondern aus Klarheit. Wer die Leere kennt, muss sich nicht mehr selbst behaupten. Er ist nicht leer, weil er nichts mehr ist, sondern weil er nicht mehr alles sein muss. In dieser Leere geschieht etwas Unerwartetes: Das Vertrauen wächst. Nicht in eine höhere Ordnung oder eine kosmische Gerechtigkeit, sondern in das Leben selbst. In das, was geschieht, auch wenn es keinen Sinn ergibt. In das, was bleibt, auch wenn alles fällt. Dieses Vertrauen ist kein theologischer Akt. Es ist eine

Erfahrung. Die Erfahrung, dass der Mensch sich nicht verlieren muss, wenn er aufhört, sich festzuhalten. Dass er nicht untergeht, wenn er sich in der Leere niederlässt. Dass er nicht vergeht, wenn er nichts mehr weiss, nichts mehr leistet, nichts mehr darstellt.

Der Trost der Leere liegt nicht darin, dass sie angenehm wäre. Sie ist es oft nicht. Sie kann schmerzen, sie kann erschüttern, sie kann alte Sicherheiten aus den Angeln heben. Aber sie ist echt. Und in dieser Echtheit liegt ein anderes Mass an Trost – nicht als Beruhigung, sondern als Wahrheit. Die Wahrheit, dass der Mensch nicht durch das definiert ist, was er tut oder weiss, sondern durch das, was er in der Tiefe bereit ist zu fühlen. Und dieses Fühlen geschieht nicht im Lärm – sondern in der Leere. Vielleicht beginnt Spiritualität nicht dort, wo man an etwas glaubt, sondern dort, wo man nichts mehr braucht. Wo man in der Leere verweilt, nicht weil sie angenehm ist, sondern weil sie wahr ist. Und in dieser Wahrheit offenbart sich eine andere Art von Geborgenheit – eine, die nicht tröstet, indem sie füllt, sondern indem sie hält. Still. Wortlos. Tief.

Wer so getröstet wird, kehrt nicht in die Welt zurück als Wissender, sondern als Mensch. Und das ist genug. Es gibt einen Moment im Leben, in dem der Mensch nicht mehr fragt, was fehlt, sondern was bleibt. Dieser Moment kommt oft leise. Nicht als Offenbarung, sondern als Müdigkeit. Eine Müdigkeit gegenüber allem, was vorher wichtig war: dem Streben, dem Erklären, dem Behaupten. Und in dieser Müdigkeit zeigt sich etwas Seltsames – kein Verlust, sondern ein Raum. Ein innerer Ort, an dem das Leben nicht mehr gefiltert wird durch Erwartungen, sondern erfahren wird, wie es ist: schlicht, roh, ungeschminkt. Und genau dort, im scheinbar blossen Sein, tritt eine Fülle hervor, die nicht lauter wird – sondern tiefer.

Der Trost der Leere ist nicht der, der beruhigt. Es ist der Trost, der trägt. Wie der Boden unter den Füssen, den man nicht sieht, aber der da ist. Wie das Atmen im Schlaf, das niemand lenkt und doch geschieht. Die Leere ist nicht das Ende von Sinn – sie ist die Form, in der Sinn nicht mehr gesucht, sondern gespürt wird. In einem Blick, der bleibt. In einer Geste, die nichts will. In einer Nähe, die nicht benannt, aber empfunden wird. In der Unmittelbarkeit eines Augenblicks, der nicht vergeht, sondern sich still einnistet im Gedächtnis. Es ist keine Leere im Sinne von Mangel. Es ist eine Leere, die satt ist vor Lauterkeit. Sie verlangt nichts – gerade deshalb ist sie heilsam. Sie will nichts – gerade deshalb wirkt sie.

Sie bietet nichts an – gerade deshalb verändert sie. In einer Welt, in der alles Sinn haben muss, ist es ein Akt innerer Souveränität, in der Leere zu bleiben und sich nicht verloren zu fühlen. Der Mensch, der das kann, hat nicht resigniert. Er hat aufgehört, sich mit dem zu identifizieren, was vergeht. Und das ist vielleicht das, was wir „geistige Reife" nennen könnten. Wenn Gott uns nicht braucht, dann braucht er auch unseren Sinn nicht. Und wenn wir Gott nicht brauchen, dann vielleicht deshalb, weil das, was wir „Gott" nennen, nicht das ist, was gefüllt werden muss, sondern das, was sich zeigt, wenn wir leer werden. Vielleicht war es nie ein Jemand, sondern ein Raum. Kein Wesen, das wirkt, sondern ein Zustand, der geschieht. Und vielleicht ist die tiefste Form der Beziehung zu diesem Raum nicht das Wissen, nicht das Glauben, nicht das Bekennen – sondern das stille Sitzen in der Leere. Ohne Ziel. Ohne Sicherheit. Aber mit Trost.

Notizen:

Notizen:

Kapitel 30: Gott braucht uns nicht

Der Mensch am Rand des Absoluten.

Es gibt eine Vorstellung, die sich wie ein unsichtbares Grundgerüst durch Jahrtausende menschlicher Kultur zieht: dass wir gebraucht werden. Dass es ein höheres Wesen gibt, dem unser Dasein nicht gleichgültig ist. Dass unsere Fehler, unsere Hoffnungen, unsere Kämpfe eingebettet sind in einen grösseren Sinn, getragen von einem Bewusstsein, das jenseits des Menschlichen liegt – aber dem Menschlichen zugewandt ist. Diese Vorstellung hat getröstet, geordnet, gezügelt und erhoben. Und sie hat ein stilles Versprechen in sich getragen: dass wir nicht allein sind. Doch was, wenn dieses Versprechen nie gegeben wurde? Was, wenn der Blick von oben nie auf uns gerichtet war? Was, wenn Gott – falls es ihn gibt – uns nicht braucht? Der Gedanke wirkt im ersten Moment kalt. Trostlos.

Vielleicht sogar grausam. Er entzieht der Welt die Wärme des Gewolltseins, der Gewissheit, dass wir mehr sind als biologische Zufälle auf einem Fels, der durch einen indifferenten Kosmos rast. Doch genau in diesem Entzug liegt eine neue Form von Freiheit. Denn wenn Gott uns nicht braucht, dann schulden wir ihm nichts. Keine Angst, keine Loyalität, keine Unterwerfung. Und mehr noch: Dann ist das, was wir tun, nicht Reaktion auf einen Plan – sondern Ausdruck eines freien Willens, der sich nicht auf etwas Höheres berufen kann, sondern aus sich selbst heraus Verantwortung übernimmt. Die Idee, dass Gott uns nicht braucht, hebt nicht das Göttliche auf. Sie entmachtet nur unser Bedürfnis, das Göttliche zu personalisieren. Es ist ein Abschied vom Menschenbild, das sich im Spiegel des Himmels vergewissern will. Und in diesem Abschied liegt kein Zynismus. Es ist keine kalte Abkehr, sondern eine ehrliche

Bewegung: hin zu einer anderen Form von Beziehung. Einer Beziehung, in der der Mensch nicht als Kind, sondern als Erwachsener auftritt. Nicht mehr bittend, nicht mehr hoffend, nicht mehr flehend – sondern sehenden Blickes, offen für das, was ist, ohne das Bedürfnis, es in anthropomorphe Kategorien zu pressen.

Was bleibt also, wenn wir die Idee loslassen, gebraucht zu werden? Es bleibt der Mensch. Fragil, fühlend, fehlerhaft – aber auch fähig, Bedeutung zu schaffen, wo keine vorgegeben ist. Es bleibt ein Wesen, das seine Endlichkeit kennt und dennoch liebt. Das weiss, dass es vergeht – und dennoch baut, hofft, erzählt. In einer Welt ohne göttlichen Bedarf wird der Mensch nicht kleiner – sondern freier. Nicht bedeutungsloser – sondern verantwortlich. Und vielleicht ist es diese Verantwortung, vor der wir uns mehr fürchten als vor dem Verlassenwerden durch einen Gott: die Zumutung, dass wir selbst der Sinn sein müssen, den wir suchen. Was geschieht mit einem Menschen, der begreift, dass er nicht Zentrum eines göttlichen Plans ist? Zuerst ein Erschrecken. Als würde man durch einen Spiegel treten, von dem man dachte, er zeige das Leben – und plötzlich erkennt, dass es nur ein Bild war. Die Koordinaten verschieben sich.

Nicht mehr im Mittelpunkt, sondern in Bewegung. Nicht mehr auserwählt, sondern Teil eines Raumes, der nicht fragt, ob du da bist, sondern nur beobachtet, ob du bleibst. Und doch ist genau dieser Augenblick der Anfang von Reife. Denn wo der Mythos der Bedeutung zusammenbricht, beginnt die Würde des Bewusstseins. Der Mensch, der nicht mehr gebraucht wird, ist nicht überflüssig. Er ist befreit vom Fluch der Selbstverklärung. Die biblische Idee, dass der Mensch nach dem Bilde Gottes geschaffen sei, war eine grosse Geste – aber auch ein monumentaler Irrtum. Denn mit diesem Bildnis kam auch die Last: gefallen zu müssen, erlöst werden zu müssen, sich zu unterwerfen. Doch in der Erkenntnis, dass Gott nichts braucht – auch kein Ebenbild – verliert sich die Schuld. Sie verliert ihre Grundlage. Was bleibt, ist Verantwortung ohne Absolution. Und das ist keine Verarmung, sondern eine Reifung.

Wer nicht mehr auf Vergebung hofft, beginnt zu verzeihen. Wer nicht mehr auf Erlösung wartet, beginnt zu leben. Vielleicht war die Vorstellung, gebraucht zu werden, nur eine Verlängerung unserer Angst, nicht zu genügen. Und diese Angst ist alt. Sie reicht zurück bis zu jenem Moment, in dem der Mensch sich selbst zum Problem wurde – als er dachte, dass er mehr sein müsse als das, was er war. Die Religionen haben diese Angst gerahmt, benannt, und mit Riten umhüllt. Doch der Kern blieb: das Gefühl, dass man sich erst würdig machen müsse, geliebt zu werden – von einem Gott, einer Instanz, einer Macht. Doch wenn Gott uns nicht braucht, fällt dieses ganze Gebäude in sich zusammen. Und in seinen Trümmern wächst etwas anderes: das stille Wissen, dass Liebe dort beginnt, wo keine Bedingung mehr ist. In diesem Licht ist Gott nicht tot – er ist entlastet.

Entlastet von der Pflicht, unser Dasein zu legitimieren. Entlastet von der Verantwortung, unsere Fehler zu heilen. Entlastet von der Aufgabe, uns Bedeutung zu geben. Und der Mensch, der das erkennt, wird nicht gottlos, sondern aufrecht. Er erhebt sich nicht über das Göttliche – aber er hört auf, sich unter das Göttliche zu beugen. Es ist ein Gleichstand in der Stille: Ich bin hier. Du auch. Doch keiner braucht den anderen, um ganz zu sein. Das ist keine Trennung – es ist eine reife Distanz. Eine, in der Liebe möglich ist, ohne Besitz. Ohne Forderung. Ohne Pflicht. Die tiefste Form des Religiösen beginnt vielleicht erst dort, wo das Bedürfnis aufhört, religiös zu sein. Wo keine Liturgie mehr notwendig ist, kein Dogma, kein Jenseitsversprechen. Wo das Bewusstsein in sich selbst genug findet, um still zu werden – und aus dieser Stille heraus zu leben. Es ist nicht die Abwesenheit von Gott, sondern das Verstummen der Vorstellung, dass Gott sich zu kümmern hätte. Und in diesem Verstummen beginnt etwas Eigenartiges: der Mensch beginnt, sich selbst zuzuhören. Nicht mehr im Dialog mit einem höheren Wesen, sondern im Echo seiner eigenen Tiefe. Diese Tiefe ist kein Ort des Wissens. Sie ist kein theologisches Archiv, keine metaphysische Schatzkammer. Sie ist ein Zustand des Nichtwissens, den man nicht mehr fürchtet. Dort wohnt kein Gott, der Notizen macht, kein Richter, der erwartet. Nur Bewusstsein, das sich selbst spürt.

Und genau in diesem Spüren beginnt die Wandlung: Der Mensch handelt nicht mehr aus Gehorsam, sondern aus Einsicht. Er lebt nicht mehr, um zu gefallen, sondern um zu entsprechen – nicht einem fremden Willen, sondern dem innersten Mass, das in ihm ruht. Und dieses Mass entsteht nicht durch Gebot – sondern durch Gewahrsein. Was bedeutet es, wenn Gott uns nicht braucht? Es bedeutet auch: Wir sind frei von kosmischem Zweck. Und in dieser Freiheit liegt keine Leere, sondern eine stille Einladung. Wenn kein übergeordnetes Wesen auf uns zählt, dann zählt, was wir füreinander sind. Dann ist jedes Mitgefühl, das wir zeigen, nicht Resultat göttlicher Moral – sondern Ausdruck der Wahl, dass wir den anderen sehen. Dann ist jedes aufrichtige Wort, jede gelebte Nähe, jede geübte Geduld nicht eine Pflicht, sondern ein Geschenk. Und in diesem Geschenk liegt das, was man früher vielleicht Gnade nannte – aber das heute schlicht Menschlichkeit ist. Der Mensch, der sich nicht mehr über Gott definiert, verliert nichts. Im Gegenteil: Er gewinnt das, was zuvor überlagert war von der Idee göttlicher Zuwendung – das rohe, ungeschützte, echte Sein. Es ist nicht erhöht.

Es ist nicht gesichert. Aber es ist wahr. Und vielleicht ist Wahrheit der eigentliche Ort, an dem man Gott begegnet – nicht als Figur, nicht als Wille, sondern als Horizont. Als das, was nicht gebraucht wird, aber bleibt. Wie der Atem. Wie die Weite. Wie der leere

Raum, in dem nicht gesprochen werden muss, damit etwas geschieht. Und in dem nichts geschieht, wenn gesprochen wird, ohne dass es getragen ist von dieser stillen, tiefen, unbedingten Gegenwart. Es ist ein paradoxes Geschenk, nicht gebraucht zu werden. Denn was zunächst wie ein Entzug erscheint – die Entmächtigung des eigenen Bedeutungsanspruchs – ist in Wahrheit eine Einladung zur Eigenständigkeit. Wer nicht mehr gebraucht wird, ist frei, wirklich zu geben. Wer nicht mehr notwendig ist, kann endlich lieben, ohne dass Liebe eine Funktion erfüllt. Die menschliche Existenz, gelöst aus der Vorstellung, Teil eines Plans zu sein, wird nicht leer – sie wird offen. Und in dieser Offenheit liegt die Möglichkeit, sich selbst neu zu begegnen: als Mensch ohne Sendung, aber mit Haltung. Als Wesen ohne göttliche Mission, aber mit innerer Würde.

Diese Würde kommt nicht von aussen. Sie ist nicht verliehen durch Glaube oder bestätigt durch Gnade. Sie wächst dort, wo der Mensch sich dem Unbegriffenen stellt – ohne es zu benennen, ohne es besitzen zu wollen. In ihr ruht die Kraft, nicht zu wissen, und dennoch zu handeln. Nicht gebraucht zu werden, und dennoch zu lieben. Nicht erwählt zu sein, und dennoch zu achten. Die grosse Angst, die oft verborgen unter religiöser Sprache lebt, ist die Angst, bedeutungslos zu sein. Doch Bedeutung ist kein Geschenk, das man erhält – sie ist eine Bewegung, die man lebt. Und nur wer ohne göttliche Abhängigkeit geht, beginnt, diese Bewegung zu verkörpern. Manche nennen diese Haltung „spirituell". Andere „radikal aufgeklärt". Es ist gleich. Namen sind nicht wichtig, wenn das, worauf sie verweisen, nicht eingefangen werden kann. Vielleicht ist genau das das Geheimnis des letzten Gedankens: dass Gott nicht gebraucht wird, um wahr zu sein – und dass der Mensch nicht gebraucht wird, um zu genügen. Es ist ein Nebeneinander ohne Pflicht. Kein Theater, in dem einer Regie führt und der andere spielt. Sondern ein stilles Koexistieren von Raum und Bewusstsein, von Zeit und Geist, von Leben und Leere – in dem sich niemand mehr verneigt, weil niemand mehr herrscht.

Und in dem genau deshalb Achtung möglich wird. Der Mensch, der das erkennt, lebt anders. Nicht spektakulär. Nicht entrückt. Sondern stiller, wacher, offener. Er lebt nicht mehr in der Furcht, etwas zu versäumen – weil es nichts zu erfüllen gibt. Er lebt nicht mehr im Drang, jemand zu sein – weil niemand zuschaut. Und genau deshalb wird sein Leben dichter. Nicht gewichtiger – aber klarer. Nicht heiliger – aber wahrhaftiger. Vielleicht ist das die letzte Form des Gebets: nicht gesprochen, nicht gerichtet, nicht erwartet. Sondern gelebt. In einem Alltag, der nichts beweisen muss. In einem Blick, der nichts fordern muss. In einem Dasein, das sich selbst genügt – ohne es zu müssen. Am Ende steht keine Antwort. Kein Resümee, das alles zusammenfasst, kein Fazit, das Klarheit schafft. Nur ein Blick zurück – und ein leiser Schritt nach vorn. Vielleicht ist das das Zeichen reifer Gedanken: dass sie nichts abschliessen wollen, sondern offen lassen, was offen bleiben muss. Dieses Buch war kein Versuch, Gott zu leugnen, noch ein Bedürfnis, ihn zu beschreiben.

Es war ein Weg, sich vom Drang zu lösen, gebraucht zu werden – von einer Instanz, die wir nie gesehen, aber immer gespürt haben. Und vielleicht war dieses Spüren nie ein Ruf – sondern ein Echo. Unser eigenes. Tief und weit. Und leer. Denn wenn Gott uns nicht braucht, dann ist auch unser Leiden kein Prüfstein, kein Test, keine Schule. Dann ist es, was es ist: schwer. Dann ist Trost nicht ein göttlicher Lohn, sondern eine menschliche Geste. Dann wird Vergebung nicht gewährt, sondern gegeben. Und dann beginnt Ethik nicht im Gebot, sondern im Gewissen. Der Mensch, entbunden von der Vorstellung, jemandes Werkzeug zu sein, steht plötzlich aufrecht im Raum. Und dieses Aufrechtsein ist nicht Stolz – es ist Stille.

Es ist das Wissen, dass niemand mehr urteilt. Und genau deshalb ist es Zeit, selbst Mass zu werden. Nicht über andere – sondern im eigenen Handeln. Wir haben Gott gebraucht, um uns selbst zu halten. Weil wir nicht wussten, wie ohne ihn Bedeutung entsteht. Doch nun, da dieser Halt sich auflöst, beginnt ein neues Vertrauen: nicht in eine Instanz – sondern in das Menschsein selbst. Und dieses Vertrauen ist nicht naiv. Es weiss um die Tiefe der Abgründe, um das Grauen der Geschichte, um die Verwundbarkeit des Guten.

Aber es weiss auch um etwas anderes: dass Würde nicht verliehen wird, sondern gelebt. Dass Liebe nicht befohlen wird, sondern geschieht. Und dass Sinn nicht empfangen wird, sondern entsteht – dort, wo wir nichts brauchen, um zu sein, als den Mut, zu sein. So endet nichts. Es beginnt auch nichts. Es bleibt nur der Raum. Und in ihm ein Mensch, der atmet. Nicht auserwählt. Nicht geführt. Nicht gebraucht. Aber wach. Und dieses Wachsein ist vielleicht das Heiligste, was uns bleibt. Nicht weil es göttlich ist – sondern weil es menschlich ist. Und mehr braucht es nicht.

ENDE

Notizen:

Notizen:

Nachwort:

Was bleibt, wenn nichts mehr muss? Wenn keine höhere Instanz mehr auf unsere Antwort wartet, wenn kein göttlicher Auftrag mehr durch das Leben drängt, wenn das Schweigen nicht mehr als Prüfung, sondern als Freiheit empfunden wird? Es bleibt der Mensch. Nackt vor sich selbst. Nicht klein, nicht gross – sondern einfach da. Und mit ihm ein Raum, der nicht mehr mit Dogmen gefüllt werden muss, weil er von innen her trägt. Dieses Buch hat keinen Bogen geschlagen, keine Lehre erteilt, keinen Gott ersetzt. Es hat sich durch Gedanken bewegt, die oft still bleiben müssen, weil sie an der Grenze dessen operieren, was wir zu denken gewohnt sind.

Es war ein Weg durch die Leere – nicht als Mangel, sondern als Gegenwart. Und durch diese Leere hindurch hat sich etwas gezeigt, das nicht leicht zu greifen ist: eine Würde, die sich nicht mehr stützen muss. Eine Stärke, die nicht mehr beweisen muss. Eine Liebe, die keinen Zweck mehr kennt. Gott braucht uns nicht. Und das ist keine Zurückweisung – es ist ein Geschenk. Denn erst wo kein Bedarf mehr ist, beginnt Begegnung. Erst wo kein Zweck mehr drängt, beginnt Wahrheit. Der Mensch, der nicht mehr gebraucht wird, ist frei – frei zu entscheiden, was er in die Welt bringt.

Nicht um jemandem zu gefallen. Nicht um etwas zu erfüllen. Sondern weil etwas in ihm lebt, das sich entfalten will: nicht heilig, nicht göttlich, nicht vollkommen – aber echt. Vielleicht ist das der leise Trost dieses Gedankens. Dass es keinen Plan geben muss, damit das Leben Sinn macht. Dass es keine höhere Instanz braucht, damit Verantwortung wächst. Dass Menschsein selbst genügt – wenn wir den Mut haben, es nicht länger durch ein göttliches

Gegenüber zu legitimieren. Und vielleicht ist das, was wir einst Religion nannten, nichts anderes gewesen als eine frühe Form der Sehnsucht, in der wir uns selbst noch nicht kannten. Nun kennen wir uns ein wenig besser. Und was wir dort sehen, ist nicht vollkommen. Aber es ist lebendig. Und es reicht.

Notizen:

Bücher vom Autor:

Titel: Gott braucht uns nicht

Titel: Spirit

Titel: Die stille Macht - Hypnose als moderne Führungskraft

Titel: Die stille Kunst der Veränderung – Die Plamenig Hypnose

Titel: Mental stark auf dem Platz – Das 5 -Schritte Programm für Fussballspieler

Titel: Der Mythos vom Auto ohne Batterie –
was Tesla wirklich wusste

Titel: Das Interesse ist der Schlüssel zu allem im Leben

Titel: Der neue Papst

Titel: Der Algorithmus der Sehnsucht – Wie Maschinen unsere Herzen lesen

Titel: Die Kraft der Gegenwart - Hypnose und Achtsamkeit als Weg zur inneren Freiheit

Titel: Die Erfolgreiche Hypnose - Praxis

Titel: Moderne Hypnose - Induktionen für Suchtkranke

Titel: Hypnose 2025 - Neue Techniken und Erkenntnisse

Titel: Herzenszeit

Titel: Wer bin wirklich ich?

Titel: Die Sinn-Krise der Moderne - Warum wir alles haben und trotzdem leer sind

Titel: Warum die meisten Beziehungen nach 9 Monaten beendet sind

Titel: Die ersten drei Monate arbeitslos bei der RAV

Titel: Gehirn-Hacking

Titel:100 Jahre jung

Titel: Der Unternehmer der Zukunft

Titel: Wie moderne Eltern ihre Kinder erziehen sollten

Titel: Die Gemeindeberater

Titel: Der Vorstandberater

Titel: Der wahre und richtige Geschäftspartner

Titel: Wie baue ich in einem Jahr ein Millionenunternehmen auf

Titel: Der Weg zur ersten Million

Titel: Die Zukunfts-Formel: KI, Persönlichkeit und Business

Titel: Charisma entfesseln

Titel: Der Bauherrenberater Schweiz

Titel: Das Baustellen Handbuch

Titel: Ein Tag in der Zukunft

Titel: Der Präsidentenberater

Titel: Die Wahrheit da draussen – UFOs, Aliens und das Schweigen der Mächtigen

Titel: Wege zum Erfolg

E- Mail: bottomupverlag@gmail.com

Im Buchhandel ausverkauft:

Titel: Wege Zum Erfolg, 1. Auflage jetzt wieder erhältlich unter: bottomupverlag@gmail.com

Preis Sfr. 35.50 inkl. Versand.

Verlag: Bottom up

E- Mail: bottomupverlag@gmail.com

Notizen:

Notizen:

Notizen:

Notizen: